奇人 奇地 奇书

玄奘与《大唐西域记》

王邦维 著

中国大百科全书出版社

图书在版编目（CIP）数据

奇人奇地奇书：玄奘与《大唐西域记》/ 王邦维著 .
—北京：中国大百科全书出版社，2021.7

ISBN 978-7-5202-1009-6

Ⅰ.①奇… Ⅱ.①王… Ⅲ.①西域—历史地理—唐代
Ⅳ.① K928.6

中国版本图书馆 CIP 数据核字（2021）第 128011 号

出 版 人 刘国辉
策 划 人 郭银星
责任编辑 陈 光
装帧设计 博越创想 · 程然
责任印制 魏 婷
出版发行 中国大百科全书出版社
地 址 北京市阜成门北大街 17 号 **邮政编码** 100037
电 话 010-88390093
网 址 http://www.ecph.com.cn
印 刷 中煤（北京）印务有限公司
开 本 880 毫米 ×1230 毫米 1/32
印 张 12.25
字 数 194 千字
印 次 2021 年 8 月第 1 版 2021 年 8 月第 1 次印刷
书 号 ISBN 978-7-5202-1009-6
定 价 98.00 元

目录

文化篇

传说篇

奇书《大唐西域记》

中国历史源远流长，从古至今的典籍浩如烟海。在历代典籍中，唐代玄奘的《大唐西域记》，可以说是一部奇书。

说《大唐西域记》是一部奇书，有三条理由：一、作者玄奘，是一位奇人；二、书中讲到的西域包括印度，在当时的人看来是一片奇地；三、无论是书的内容，还是叙述的方式，在古代的各类书中，它显得很奇特。

《大唐西域记》为什么奇特？也可以举出三条理由：首先，书在中国写成，讲的却是外国的事。在中国古代，同样性质的书不多见。其次，玄奘的叙述，大部分是亲眼所见，也有一些是耳闻或者来自佛教的传说。这些神奇的传说和故事，信仰佛教的人固然可以接受，但不信仰佛教的人或者是半信半疑，或者根本不相信。但玄奘的记载，到了近代，很多又被考古和历史研究证实是事实。最后还有一条，《大唐西域记》是中国人的书，很长一段时间，中国知道的人并不多，重视更谈不上，但在国外，尤其是在国际上研究东方的学术圈子里，却久负盛名。

在古今中外无数的书中，能够称得上奇书的，数量不多。《大唐西域记》是一部奇书，在中国可以这样说，在世界上也可以这样说。以下就逐一说明它的奇特之处。

一、奇人玄奘：一个真实的“西游”故事

玄奘在今天的中国几乎家喻户晓。玄奘有名，主要是因为明代长篇神魔小说《西游记》。高僧玄奘到印度取经的经历，在小说中成为一个神话故事。故事中无论玄奘，还是玄奘的三位徒弟孙悟空、猪八戒和沙和尚，都性格生动，其中的孙悟空最让人喜欢。即便是师徒“西天取经”路途中遇见的许多神仙和妖怪，也大多有自己的性格。“九九八十一难”的故事，曲折有致，更让人津津乐道。时至今日，把“西游”故事作为话头，“恶搞”或者并非“恶搞”的“西游”故

事，更是层出不穷。

这是神话故事中的玄奘。与此相关的，历史上还有一位真实的玄奘。他西行求法的经历，其间有许多故事，虽然不同于《西游记》，不是神话，但一样曲折而奇特，而且真实。

这位真实的玄奘，姓陈，名祎，唐代洛州缑氏县（今河南洛阳市偃师区缑氏镇）人。玄奘幼年出家，天资聪慧，又很努力，年轻时就很有学问。可是在学习佛教的过程中他也有很多疑问。他各处求教，得不到解决，最后决定到佛教的发源地印度去，学习佛法，也就是到“西天”求法。为此玄奘向朝廷上表，请求批准，朝廷没有理会。直到唐太宗贞观元年（627），也有人说是贞观三年（629）秋天，长安一带庄稼歉收，官府同意老百姓出城“随丰就食”。玄奘见是机会，便混入饥民的队伍，出长安城，开始了他的万里之行。

从长安出发，玄奘往西，经过秦州（今甘肃天水）、兰州，到达凉州（今甘肃武威）。凉州都督听说他要出国，命令他立即返回长安。他赶紧前行到瓜州（今甘肃瓜州）。这时凉州方面要求抓捕他的公文也到了瓜州。幸亏瓜州刺史独孤达和州吏同情玄奘，不仅没有抓捕他，还嘱咐他早日继续往西去。

瓜州是当时从河西通往西域的门户之一。从瓜州往西，就算出境，往前的路危险而艰难。玄奘决定，从当时通西域的“北道”往西行。这条路，往北通过当时的玉门关，然后再经过五座烽火台，每座烽火台相距百里，中途没有水草。五座烽火台之外，是“八百里沙河”，人称莫贺延碛。沙漠中“上无飞鸟，下无走兽”，狂风时起，沙尘蔽天，白天酷热似火，夜晚又寒冷彻骨。玄奘找到一位胡人作向导，带上一匹老瘦马，在一个夜晚，从玉门关附近的一处地方，偷渡过河。刚走了一段，这位胡人却不愿再往前走了，而且似乎心怀不轨。玄奘只好独自一人，继续向前。过了第四个烽火台，走了一百来里，他便迷了路，还失手打翻了随身带的水袋。沙漠里没有了水，生命会有危险。他想回到第四烽火台，重新取水。可是回头走了十来里，转念又想：“我先前发过誓，不到印度，绝不东归一步。现在为什么往回走？我宁可向西去死，也绝不往东而生！”于是又转过头来，向西北方向行进。四天五夜，他没有一滴水进口，最后筋疲力尽，只能躺卧在沙中，默念观世音菩萨和《般若心经》。第五天的半夜，奇迹终于发生，处在昏迷中的玄奘被一阵凉风吹醒。这时马也站了起来。人和马又奋力前行。突然，马不顾一切地向前跑，原来马凭着嗅觉，在沙漠中发现了一处长满青草的水池。玄奘跟在后面，人和马终于得救。

走出莫贺延碛，玄奘到达伊吾（今新疆哈密），然后到达高昌（今吐鲁番）。高昌当时是一个独立的国家，国王麴文泰信仰佛教，热情地接待了玄奘。因为太敬佩玄奘，他想把玄奘留在高昌。玄奘不答应，麴文泰因此不放玄奘离开高昌。玄奘只好绝食。一连三天，麴文泰被感动了，他向玄奘谢罪，还要求与玄奘结为异姓兄弟，同时请求玄奘从印度回来之时，在高昌再住三年。玄奘都一一答应。麴文泰为玄奘重新准备行装和马匹，给沿途的国王，包括当时称霸西域的西突厥可汗写了信，准备了礼物，请求照顾玄奘。玄奘这才重新出发。

从高昌西行，玄奘经过阿耆尼国（今新疆焉耆）、屈支国（今新疆库车）、跋禄迦国（今新疆阿克苏），然后翻越凌山，到达素叶水城（在今吉尔吉斯共和国托克马克附近）。然后继续西行，再折向西南，经过赭时（今乌兹别克共和国塔什干）、飒秣建（今乌兹别克撒马尔罕）等国，过铁门关，到达覩货罗故地（在今阿富汗北部），再翻过大雪山（今兴都库什山），最后终于到达印度。

玄奘的这段行程，前后将近三年，其间玄奘不止一次遇到危险。一路上不仅要克服自然的险阻，路途的艰辛，也不时要遭遇其他的危险。其中一次，他从北印度的阿踰陀国，一行八十多人，顺恒河东下。船行一百多里，遇上抢劫。强盗们先抢去了所有人携带的财物，还要在他们中选出一位长相端正的人，杀掉作为祭物，祭祀强盗们崇拜的“突伽天神”，也被是一般所称的“难近母”。玄奘被选中，已经被送上了祭坛，玄奘也自以为难逃被害的命运，只能端坐在祭坛上，默默诵念弥勒佛。此时“不知在坛，不忆有贼。同伴诸人，发声号哭”。在这个紧要的时候，突然“黑风四起，折树飞沙，河流涌浪，船舫漂覆”。强盗们认为是上天发怒，害怕起来，才放过了玄奘和他的同伴。

7 世纪时，印度最大最有名的佛教寺院是那烂陀寺。那烂陀寺在中印度的摩揭陀国，寺院规模宏大，僧人最多时超过万人，不仅来自印度各地，有的也来自印度以外的国家。玄奘西行，主要的目的，是想学习一部称做《瑜伽师地论》的佛经。那烂陀寺当时的主持法师名叫戒贤，最为精通这部经典。戒贤法师虽然年事已高，又患有风湿病，仍然专门为玄奘开讲这部经典，前后历时十五个月，同时听讲的还有数

印度那烂陀：玄奘纪念堂

千人。玄奘先后听了三遍，同时还学习了其他一些重要的佛教经典以及其他的印度典籍。

玄奘在那烂陀寺学习五年以后，为了更广泛地了解印度，学习佛教，又开始了他的长途旅行。他离开那烂陀寺，到东印度，再沿着印度的东海岸到南印度，再从南印度，绕行西印度，最后再回到那烂陀寺。

经过这一番游学，加上在那烂陀几年悉心的学习，玄奘成为戒贤法师最优异的学生。当时的那烂陀寺，就像是今天的一所大学，寺院里经常有各种讲座和辩论。戒贤让玄奘做讲座，讲座受到大家的称赞。那烂陀寺有十位学问最好的大德，通解五十部经典，玄奘是其中之一。

玄奘的名声很快在当时的印度传开。当时印度最有势力的国王是羯若鞠阇国的戒日王。戒日王敬佩玄奘的品德和学问，特地在自己的都城曲女城举行大会，请玄奘作“论主”，同时邀请了印度的二十几位国王、四千多位佛教僧人，还有两千多位其他教派的信徒参加。玄奘在会上宣读的论文，据说十八天内没有一个人能够出来反驳。

曲女城大会以后，玄奘决定回国。他谢绝了戒日王和其他印度朋友挽留的好意，在参加了一次在钵罗耶伽国举行的大会以后，带着历年访求得到的佛经和佛像等，起身东归。

玄奘回国，仍然取道陆路。不过，他离开西北印度，到达今天的阿富汗后，不再是往北行，而是直接向西，穿越帕米尔高原上位于瓦罕走廊的数个小国，到达位于今天中国境内，新疆西南的朅盘陀国（今塔什库尔干塔吉克自治县），然后再经过乌铩国（约在今英吉沙县）、佉沙国（约在今喀什市）、斫句迦国（今叶城县），最后到达瞿萨旦那国（今和

玄奘纪念堂前的玄奘像

(603 ई. – 664 ई.)
Xuan Zang (Hieun-Tsang)
(603 A.D. – 664 A.D.)
Xuan Zang belongs to a galaxy of world
Citizens whose great mission was to
interpret, for the good of mankind,
sublime values of human civilisation.

田市）。当年他未获允许，偷渡出关，因此他停留瞿萨旦那，同时委托“高昌小儿”随商队到长安，上表给朝廷，解释他为什么要这样做，希望得到皇帝的原谅。八个月后，他收到唐太宗的回复，不仅同意他回国，而且催促他立即启程，同时还安排了敦煌的地方官出流沙迎接。

唐太宗贞观十九年（645）正月二十四日，玄奘终于回到长安。与他十几年前偷渡出国时不一样的是，他受到了空前的欢迎。玄奘带回佛经六百五十七部，五百二十夹，以及一批佛像。唐太宗这时正在洛阳，立即召见他。唐太宗询问了玄奘周游各国的见闻，还想让他还俗做官。玄奘婉言谢绝，表示只想翻译他从印度带回的佛经，实现他求法的抱负和愿望。玄奘的话说得很委婉，但是态度非常坚决。唐太宗只好答应，并且表示愿意支持他译经的事业。

玄奘回到长安，立即开始翻译佛经。他从回国到唐高宗麟德元年（664）二月去世的十九年间，前后一共翻译出佛经七十五部，一千三百三十五卷，大约一千三百多万字。现在西安城南的大慈恩寺，是玄奘当年译经的地方之一。寺里有名的大雁塔，就是为存放玄奘带回的佛经和佛像所建造。

玄奘印度求法的过程中，发生了许多故事。他从中国出发，前后经过古代中亚和南亚地区大大小小一百多个国家。这样的经历，此前只有张骞和法显，此后只有义净等少数人略略可以相比，但所有其他人，行程都没有玄奘那样广大，也没有留下玄奘那样多的传奇故事。这段经历，在玄奘去世后一二百年间，很快就成为传说，最后演变为一个完整的神话故事。玄奘因此不能不说是一位奇人。

不仅如此，与他西行的经历有关，玄奘还留下一部奇特的书，那就是《大唐西域记》。

二、奇地印度

印度是亚洲最古老、最重要的文明中心之一。印度在今天似乎并不很神奇，但在古代，在中国人眼里，印度却是一块奇地。中国人知道印度，始自张骞。西汉时代的张骞，出使西域，最远到达大夏，即今天的阿富汗北部一带，在那里第一次听到"身毒"这个名字。身毒就是印度。身毒之外，印度还有天笃、贤豆、天竺等名。玄奘首次把印度称为"印度"，从此成为定名。

张骞带回的有关印度的传说，还很模糊。到了西汉末东汉初这一时期，有关印度的传说才逐渐多了起来。最有名的传说与佛教有关，说的是汉明帝某一夜做梦，梦见神人，“顶有日光”，“飞在殿前，意中欣然，甚悦之”。第二天询问大臣，一位大臣回答：这就是印度的“佛”，佛“轻举能飞，殆将其神也”。于是明帝派出使节，迎请佛经，从此中国有了佛教。故事的细节固然不可全信，但这说明，在中国人的心目中，从一开始，印度就充满神奇的色彩。

古代印度不仅神奇，而且神圣。佛祖释迦牟尼诞生在古印度的迦毗罗卫国（故地在今尼泊尔中部，毗邻印度），许多神奇的故事由此产生。从中国到印度，其间经过的西域各个国家、人物面貌、风俗物产也都奇异无比。《西游记》里的“西天”以及前往西天的路途，无数奇奇怪怪的故事，虽然都是古代说书人和小说家的创造，但归根结底，大多就出于这样的心理背景。古代的奇地，虽然今天已经不奇，但作为中国的紧邻，人口仅次于中国的一个大国，我们今天对它的了解，远不如距离远许多的美国和欧洲。仔细想来，这倒多少让人感觉有点奇怪。

三、奇书《大唐西域记》

关于《大唐西域记》，可以讲的有很多。首先应该知道的是，玄奘为什么要写《大唐西域记》。

贞观十九年，玄奘回到长安，安置好从印度带回的经典和佛像后，立即赶到洛阳，接受唐太宗的召见。皇帝召见时与玄奘的对话很有意思。“坐讫，帝曰：师去何不相报？”

玄奘赶紧为当年偷渡出国的事道歉：“玄奘当去之时，已再三表奏，但诚愿微浅，不蒙允许。无任慕道之至，乃辄私行，专擅之罪，唯深惭惧。”

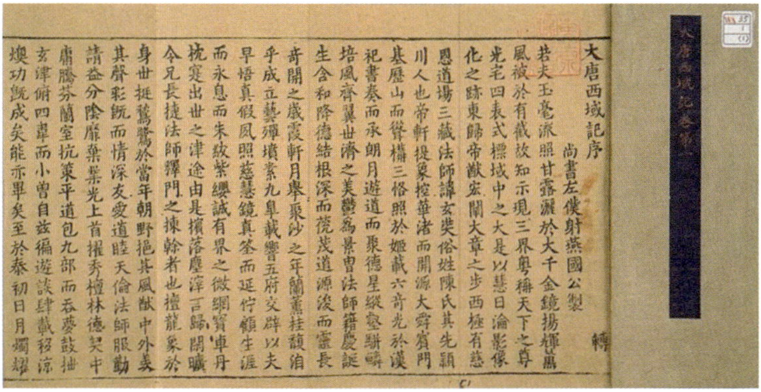

大唐西域記序　尚書左僕射燕國公製　轉
若夫玉毫流照甘露灑於大千金鏡揚輝熏
風被於有截故知示現三界粵稱天下之尊
光宅四表式標域中之大是以慧日淪影像
化之跡東歸帝獻宏闡大章之步西極有慈
恩道場三藏法師諱玄奘俗姓陳氏其先潁
川人也帝軒提象控華渚而開源大舜賓門
基歷山而聳構三恪照於姬載六奇光於漢
祀書奏而承朗月遊道而聚德星縱壑騈鱗
培風齊翼世濟之美鬱爲景胄法師籍慶誕
生含和降德結根深而葳蕤道源浚而靈長
奇開之歲霞軒月舉聚沙之年蘭薰桂馥洎
乎成立藝殫墳素九皐載響五府交辟以夫
早悟真假夙照慈慧鏡真筌而延佇顧生涯
而永息而朱紱紫纓誠有界之微網寶車丹
枕寔出世之津途由是擯落塵滓言歸閑曠
令兄長捷法師釋門之棟幹者也擅龍象於
身世挺鶖鷺於當年朝野挹其風猷中外羨
其聲彩既而情深友愛道睦天倫法師服勤
請益分陰靡棄業光上首擢秀檀林德契中
庸騰芬蘭室抗策平道包九部而吞夢鼓枻
玄津俯四韋而小魯自茲徧遊談肆載移涼
燠功既成矣能亦畢矣至於泰初日月燭燿

古刻本《大唐西域记》

唐太宗的态度却很宽大："师出家与俗殊隔，然能委命求法，惠利苍生。朕甚嘉焉，亦不烦为愧。但念彼山川阻远，方俗异心，怪师能达也。"

玄奘是绝顶聪明的人，回答了一大段奉承皇帝的好话，大意是说唐太宗如何伟大，圣威远播，外国的君长，见到有鸟从东方飞来，想到可能是来自"上国"，便立刻"敛躬而敬之"，他就是仰仗"天威"，因此来往印度才没有问题。

不过，唐太宗这时最关心的，是西域的情况，于是"因广问彼事。自雪岭已西，印度之境，玉烛和气，物产风俗，八王故迹，四佛遗踪，并博望之所不传，班、马无得而载"。玄奘"随问酬对，皆有条理"。唐太宗大为赞赏，对玄奘说："佛国遐远，灵迹法教，前史不能委详，师既亲睹，宜修一传，以示未闻。"

皇帝的命令，玄奘当然得认真完成。第二年，也就是贞观二十年（646）七月，《大唐西域记》全书撰成，一共十二卷。玄奘马上把它送给唐太宗，同时附上他写的一份表文。第二天，唐太宗亲笔写了回信："新撰《西游记》者，当自批览。"

唐太宗是中国历史上一位雄才大略的皇帝。唐帝国建立的初期，在西部边境，也就是西域地区，最大的是威胁是突厥。突厥分为东西两部。唐太宗在贞观年间打败了东突厥，但强大的西突厥仍然存在。唐太宗既要巩固新建立的国家边境的安全，同时还有向西域拓展的想法，他急于了解西域的情况。玄奘刚从印度回来，没有人比玄奘对西域了解得更多。在玄奘方面，撰写《大唐西域记》，既是皇帝交给他的任务，不能不完成，另一方面他自己也想通过这部书，把他见到、知道的西域的情况，尤其是自己心目中佛教的圣地印度的情况介绍给世人。玄奘一定认为，作为一位虔诚的佛教徒，这也是他的责任。

《大唐西域记》为唐初的皇帝处理西域的军政事务提供了重要的信息。后来编成的《旧唐书》和《新唐书》，其中的《西域传》部分，不少地方显然参考过《大唐西域记》。

《大唐西域记》全书十二卷，约十二万字。书的起首，有玄奘自己撰写的一篇《序》，讨论天下地理大势。其中的一些说法，在现在看来，当然不能说正确，但正反映了当时的知识水平。然后是第一卷，第一句话就是“出高昌故地，自近者始，曰阿耆尼国”，以下便逐一叙述各个国家，次序基本上依据玄奘行程的先后。阿耆尼国之后，是屈支国和跋禄迦国，然后是大大小小十多个国家，地域大致包括今天的吉尔吉斯斯坦、哈萨克斯坦以及乌兹别克斯坦，然后又是十来个国家，地域大致包括今天的阿富汗。第一卷共三十四个国家或地区。

第二卷正式进入印度。开始一段是对印度的情况做整体的介绍，首先解释印度一名的来历，然后讲印度的疆域、使用的计量单位、季节划分，城市、人们的衣着、饮食、文字、教育、佛教、种姓制度，军事、法律、风俗、税收、物产等等，内容十分详细。然后记载三个国家，属于北印度，其中包括健驮逻国，即今天巴基斯坦的一部分。

第三卷记载八个国家，也属于北印度，其中包括迦湿弥罗，即今天的克什米尔。

第四卷记载十五个国家，部分属于北印度，部分属于中印度。

第五卷记载六个国家，第六卷记载四个国家，第七卷记载五个国家，都属于中印度。

第八卷和第九卷虽然分为两卷，但合起来讲的只是一个国家——摩揭陀国。摩揭陀国在中印度，曾经是古代印度政治文化中心地区。当年释迦牟尼很多时候都住在摩揭陀国，因此佛教圣迹极多，是玄奘叙述的重点。摩揭陀的地域，大致相当于今天印度北部的比哈尔邦。

第十卷记载十七个国家，分属于东印度、中印度和南印度。

第十一卷记载二十三个国家，分属于南印度和西印度，还有不属于印度的僧伽罗国和波剌斯国，即今天的斯里兰卡和伊朗。

第十二卷记载二十二个国家，都不属于印度，而在今天阿富汗和中国新疆的境内。

这样加在一起，《大唐西域记》记载的国家就有一百多个。玄奘在书撰成后给唐太宗上表，说一共一百二十八个国家。但如果把一些简略几句话提到的，得之耳闻的国家也计算在内，则数量更多，有一百四十一个国家。玄奘写书的根据，主要是他自己西行一路上个人的经历以及所见所闻，尤其是他对不同国家风土人情、物产气候以及地理、历史、语言、宗教的仔细观察。玄奘是虔诚的佛教徒，因此书中讲到佛教的地方特别多，既讲到他自己访问过的许多佛教圣迹，更提到许多相关的佛教传说。少数他没有能够亲自访问过的国家，则根据他知道的情况，也做了详略不等的记载。

《大唐西域记》的叙事模式，其实颇类似于中国史书中的《西域传》，但讲到的事情、涉及的内容要详细得多，因此保留了许多一般《西域传》中见不到的材料。一个例子是今天阿富汗有名的巴米扬大佛。有关的叙述在卷一的“梵衍那国”：

> 王城东北山阿，有立佛石像，高百四五十尺，金色晃曜，宝饰焕烂。东有伽蓝，此国先王之所建也。伽蓝东有鍮石释迦佛立像，高百余尺，分身别铸，总合成立。

两处大佛世界闻名，可惜2001年塔利班组织冒天下之大不韪，将其炸掉了。大佛建造于5世纪，玄奘到达的时候，形象还很辉煌。玄奘的记载，是世界上最早，也是最详细的文字记载。玄奘还讲，城东二三里有“长千余尺”的“佛入涅槃卧像”，不过，人们虽然找了很久，一直没有发现，应该是更早时候就已经被毁掉了。

《大唐西域记》讲印度的内容最多。古代印度流传下来的历史文献极少，因此往往被人说成是没有历史，玄奘的很

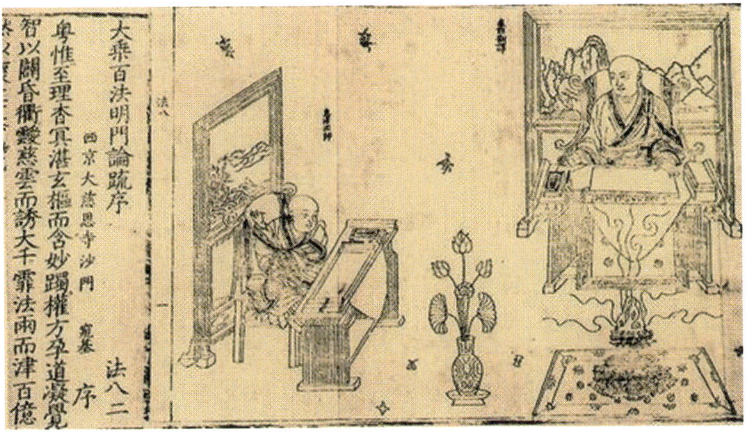

明代版画：玄奘译经图

多记载也就成为了解印度历史的重要资料。例如当时印度最有势力的国王戒日王，印度方面的记载有限，而玄奘与戒日王有直接的交往，因此今天印度的历史书一讲到戒日王，就一定会引用《大唐西域记》的记载。一些关键的时间点，往往更要依靠玄奘的记载。

除了与历史相关的记载，《大唐西域记》里还讲了很多神奇的故事。这些故事大多与佛教有关，但不仅限于佛教。佛教的故事方面，讲到了释迦牟尼的诞生、出家、成道、说法、涅槃，以及相关的种种传说。除此之外，还有佛的本生故事，讲佛的前世，曾经是鹿王，或是猴王，或是雉王，不管是什么，总是慈悲为怀，救人于水火，各种经历，体现了佛的伟大。玄奘希望，通过这些故事，向人们传达佛教的教义。

玄奘讲的故事，也不是所有的都与佛教相关，一些故事与佛教没有关系或关系很浅，内容也很奇特：月亮上为什么会有兔子？历史上曾经很有名的城市，因为什么建造起来？有过怎样的传说？法力无边的仙人，看见河边洗浴的少女，怎么就动了欲念？他向少女求婚，却遭到了拒绝。仙人愤怒不已，又怎么报复。还有一些故事，不完全是准确的历史，但细究起来，往往有一定的历史事实作为根据：来自东方的公主，出嫁时怎么偷偷地把养蚕缫丝的技术带到了西域？在印度，梨和桃的名字怎么会与中国联系在一起？来自古代中国的西域地区，作为人质，羁留在印度的“质子”，被认为是“汉王子”，他们怎么把中国的物产，带到了当地，由此留下相关的一些传说故事。

《大唐西域记》中所有的这些故事，无一不体现出印度及古代中亚地区宗教和文化的特色，并通过佛教传到了中国，其中一些又逐渐演变为中国的故事，以致最后很少有知道它们的印度来源。

说《大唐西域记》是奇书，奇就奇在这些方面。

四、重新发现《大唐西域记》

《大唐西域记》既是这样的一部奇书，唐代又是一个非常开放的时代，人们对“异域”的兴趣很大，注意到《大唐西域记》人就多。这从其他人的书里能够看到。但宋代以后，注意到的这部书人渐渐就少了。到了清代，《大唐西域记》差不多已经被人遗忘。

但是，这个时候国外的情况则正好相反。在欧洲，从19世纪开始，《大唐西域记》就受到了欧洲学者的关注。这有两个原因：

首先，随着欧洲殖民主义势力向东方的扩张和东方地区的殖民化，欧洲的学术界对东方的兴趣越来越大，由此兴起一门新的学科“东方学”。为了研究东方尤其是印度，学者们寻求各种资料。在汉文资料中，他们最早发现的就是《大唐西域记》《法显传》以及唐代义净的著作《大唐西域求法高僧传》和《南海寄归内法传》。1853年、1857年和1858年，法国学者S. Julien出版了有关玄奘和《大唐西域记》的翻译和研究著作。1884 年，英国学者 S. Beal 出版了《大唐西域记》的英文翻译。1904 至 1905 年，又有一位英国学者 T. Watters 出版了一种英文的译注本。这前后还有不少有关《大唐西域记》的论文。明治以后的日本学者，跟在欧洲学者的后面，也出版了多种日文的翻译和研究《大唐西域记》的著作。对研究《大唐西域记》，日本学者一直到现在都还有着很大的兴趣。

其次，具体到印度，印度曾经是英国在东方最重要的殖民地。1870 年，英印政府建立印度考古局，开始对印度的主要地区进行考古调查和发掘。印度缺乏历史文献的记载，涉及到考古，几乎完全没有靠得住的资料。英印政府考古局的第一任局长，也是印度现代考古的奠基人，名叫康宁汉（A. Cunningham）。于是《大唐西域记》几乎就成了他进行考古调查和发掘时的一部指南。很多考古遗址，包括古代一些城市的位置、寺庙遗址，往往就依靠《大唐西域记》做出推断和判定。《大唐西域记》由此在欧洲和印度研究印度学的学者中一下子获得极大的声誉。

不仅限于印度，《大唐西域记》的内容还包括中亚，因此也极大地推动了近代中亚考古的发展。英籍匈牙利人斯坦因

（A. Stein）在阿富汗、克什米尔和中国的新疆、甘肃进行过广泛的考古调查和发掘，获得了巨大的成功。在斯坦因所有的考古工作中，《大唐西域记》始终是一部很重要的参考书。斯坦因有关的著作，今天已经成为中亚考古的经典，这些著作中引用到《大唐西域记》的地方举不胜举。

遗憾的是，虽然这个时候《大唐西域记》的价值已经被发现并受到重视，中国方面对此却完全不了解。比《大唐西域记》在外国开始大出风头的时间早几十年编成的《四库全书总目提要》，也讲到了《大唐西域记》，但显然不大看得起这部书：

> 所述多佛典因果之事，而举其地以实之。晁公武《读书志》称，元奘（即玄奘）至天竺求佛书，因记其所历诸国。凡风俗之宜，衣服之制，幅员之广隘，物产之丰啬，悉举其梗概，盖未详检是书，姑据名为说也。我皇上开辟天西，咸归版籍，《钦定西域图志》徵实传信，凡前代传闻之误，一一厘正。此书侈陈灵异，犹不足稽，然山川道里，亦有互相证明者。姑录存之，备参考焉。

编纂《四库全书》的馆臣们，几乎代表了当时中国学问或学术的最高水准。他们认为“此书侈陈灵异”，虽然不能说毫无理由，但他们对于《大唐西域记》在学术研究方面诸多的重要价值，可以说一无所知。馆臣们依照自己的思维，以皇上“钦定”的书为准，由此写出这样的评语，只能表明，这个时候的中国人，从皇帝到大臣，都极少了解中国以外世界的情况以及当时世界大势的变化。这样的情形，直到清朝末年在西方列强的冲击下才有所改变。这一定程度上不能不说是当时中国的悲哀。

在中国，一直到清朝已经快结束，民国的初年，才有人对《大唐西域记》做研究。这中间最早有丁谦，后来又有陈寅恪、向达等人。不过，真正比较完整同时有影响的研究成果，是 1985 年由中华书局出版的，北京大学季羡林先生为首，一共十位学者共同完成的《大唐西域记校注》一书。

一部中国人写的书，其价值最早却是外国人所发现、所利用，这岂不是《大唐西域记》的又一奇特之处？今天研究印度和中亚历史、地理、宗教、考古，《大唐西域记》早已成为最基本、最重要的文献之一。可以这样说，一千三百年前，在整个世界的范围内，没有一部著作能够像《大唐西域记》这样，对一个幅员极为广大的地区——中亚和南亚——做过这样详细，许多地方也可以说是有实际根据的记载。用一位印度历史学家的话说，“如果没有法显、玄奘和马欢的著作，重建印度史是完全不可能的”。研究佛教史，尤其是印度和中亚的佛教史，《大唐西域记》的记载更是不可缺少，书中的许多记载不仅丰富，而且往往具有唯一性。与《大唐西域记》可以相比的，只有其他两位中国求法僧，东晋时代的法显和比玄奘稍晚四十年的义净的著作，不过三位高僧的著作各有特点，互相之间不可以替代。

以今天的眼光看，玄奘的《大唐西域记》已经成为经典，它不仅是对中国文化，更是对亚洲文化、世界文化的重要贡献。就此而言，《大唐西域记》难道不是一部奇书？

历史篇

碎叶与素叶：沧桑千年何处寻？

碎叶对于中国人不算是一个很陌生的名字。提到唐代的大诗人李白，往往就会提到碎叶，因为传说李白诞生在碎叶。

碎叶对于中国人不算是一个很陌生的名字。提到唐代的大诗人李白，往往就会提到碎叶，因为传说李白诞生在碎叶。这件事，虽说有过一些争议，但只要认真想一想，其实不难做出判断：如果李白不是出生在碎叶，却把他与碎叶联系在一起，做这样的编造，编造的人能有什么好处或者能够达到什么目的呢？要是找不出特别的动机，那就不得不承认，李白出生在碎叶这件事应该可信，其他的细节其实都不重要。

历史上碎叶不是一个寻常的地名，但在碎叶这个名字广为人知之前，这个地方还有另外一个名字，那就是素叶。素叶这个名字，实际上出现得比碎叶还早。最早提到素叶的，就是玄奘的《大唐西域记》。玄奘西行求法，素叶是他行程中很重要的一个节点。《大唐西域记》卷一记载了“大清池”，即今天吉尔吉斯斯坦的伊塞克湖（Issyk-Kul Lake），接下来就讲到素叶：

> 清池西北行五百余里，至素叶水城。城周六七里，诸国商胡杂居也。土宜穈、麦、蒲萄，林树稀疏。气序风寒，人衣毡褐。素叶已西数十孤城，城皆立长。虽不相禀命，然皆役属突厥。

素叶水城就是素叶城。城附近有河，称作素叶水，所以玄奘以此名相称。素叶水又称素叶河，今天则称作楚河。素叶和碎叶，在汉语中稍有差别，都是素叶河的河名，突厥语的 Sūyāb 的翻译。

依照玄奘的记载，当玄奘到达这里时，素叶城城周六七里，已经有一定的规模。城中的居民来自各国，很多是所谓的“商胡”，也就是从事商业贸易的胡人。这些“商胡”，当时往来于这一地区与中国之间，人数众多。玄奘还说了，素叶以及素叶以西的几十座小城市，各自独立，但都处在突厥人的控制之下。

在素叶水城，玄奘见到了西突厥的叶护可汗。这次见面，对于玄奘继续西行有着举足轻重的意义。玄奘的传记《大慈恩寺三藏法师传》卷二对此做了详细而生动的叙述：

> 循海西北行五百余里，至素叶城，逢突厥叶护可汗，方事畋游，戎马甚盛。可汗身着绿绫袍，露发，以一丈许帛练裹额后垂。达官二百余人皆锦袍编发，围绕左右。自余军众皆裘毼毳毛，槊纛端弓，驼马之骑极目不知其表。

突厥人在隋代初年分裂为东突厥和西突厥两大部。这位叶护可汗，统领的是西突厥。玄奘见到他，《大慈恩寺三藏法师传》用了一个“逢”字，这很微妙。以当时的情势设想，玄奘与叶护可汗在素叶水城相遇，并不是出于偶然。一年前，玄奘离开高昌，身边就带着高昌国王麴文泰专门写给叶护可汗的信和礼物，请求可汗支持和帮助玄奘去印度求法。麴文泰的妹妹，嫁给了叶护可汗的儿子，他们是姻亲。玄奘往西一路走来，一直在寻找叶护可汗，希望能见到他。

从南北朝后期到唐初，一百多年间，在中国的北部和西部边境地区，地域延伸到中亚，由突厥人作为主体组成的部落联盟一直是最强大的军事和政治势力。突厥人控制着从中国到西域的所有通道。突厥分裂为东西两大部后，从中亚到印度，数十个国家和地区，都在西突厥的势力范围之内。《旧唐书·突厥传》讲，“（西突厥）统叶护可汗，勇而有谋，善攻战。遂北并铁勒，西拒波斯，南接罽宾，悉归之。控弦数十万，霸有西域，据旧乌孙之地……西戎之盛，未之有也”。统叶护可汗就是叶护可汗。《大慈恩寺三藏法师传》讲到叶护可汗“戎马甚盛”，随从的“达官二百余人”，“槊纛端弓，驼马之骑，极目不知其表”，既是对西突厥军队人数之众和军威之盛的生动描述，也印证了《旧唐书》的记载。

玄奘见到叶护可汗的时候，可汗正要外出打猎。可汗很高兴，要玄奘等他两三天，他要在自己的“衙所”正式接待玄奘：

> 既与相见，可汗欢喜，云：“暂一处行，二三日当还，师且向衙所。”令达官答摩支引送安置。至衙三日，可汗方归。引法师入。可汗居一大帐，

帐以金华装之，烂眩人目。诸达官于前，列长筵两行侍坐，皆锦服赫然，余仗卫立于后。观之，虽穹庐之君，亦为尊美矣。法师去帐三十余步，可汗出帐迎拜。传语慰问讫，入坐。

突厥人这时还是游牧民族。西突厥虽然势力强大，但没有固定的王都，可汗到哪里，哪里就是突厥的中心。三天之后，可汗回到素叶城的“衙所”，在大帐中接待玄奘。大帐以金花装饰，绚烂夺目，扈从仪仗，俨然可观：

突厥事火，不施床，以木含火，故敬而不居，但地敷重茵而已。仍为法师设一铁交床，敷褥请坐。须臾，更引汉使及高昌使人入，通国书及信物。可汗自目之，甚悦。令使者坐，命陈酒设乐，可汗共诸臣使人饮，别索蒲桃浆奉法师。于是恣相酬劝，窣浑钟碗之器，交错递倾；僸佅兜离之音，铿锵互举。虽蕃俗之曲，亦甚娱耳目、乐心意也。少时，更有食至，皆烹鲜羔犊之质，盈积于前。别营净食进法师，具有饼饭、酥乳、石蜜、刺蜜、蒲桃等。食讫，更行蒲桃浆。

历史上的突厥人或者说突厥语系的各个民族，曾经不同程度地接受过从古代伊朗传来的祆教，又称拜火教，也接受过摩尼教，还接受过印度传来的佛教，最后才接受了伊斯兰教。接受伊斯兰教已经是在相当晚的时候。叶护可汗“事火”，说明当时的突厥人主要还是在拜火教的影响之下。可汗虽然不信仰佛教，但这丝毫不影响他接待玄奘。他敬重玄奘，飨宴之中，特地为玄奘“别营净食”，同时还邀请玄奘讲说佛法：

仍请说法。法师因诲以十善、爱养物命及波罗蜜多解脱之业，乃举手叩额，欢喜信受。因留停数日。劝住曰：“师不须往印特伽国（谓印度也）。彼地多暑，十月当此五月，观师容貌，至彼恐销融也。其人露黑，类无威仪，不足观也。”

“爱养物命”的意思是爱护生命。“波罗蜜多”是“般若波罗蜜多”一词的省略，梵文的原文是 prajñāpāmitā。依照大乘佛教的解释，“般若”指佛教的“智慧”，“波罗蜜多”的意思则是“到达彼岸”，合起来的意思是，通过佛教的“智慧”，到达解脱的彼岸。玄奘信仰大乘佛教，所以讲说的是“般若波罗蜜多”的理论。“印特伽国”则是突厥人对印度的称呼。“印特伽”一名，虽然准确的语源不是很清楚，但显然来自一种中亚语言。

对于印度，叶护可汗似乎很有些看不起，在他看来，印度不仅炎热，而且缺乏“威仪”。但这只能说是可汗的自大，说明他对印度的情形实际上并不很了解。印度炎热是事实，但文明悠久，文化发达，哪里缺乏“威仪”呢？玄奘是聪明人，对叶护可汗的建议没有正面回答，只是表明他去印度求法的决心：

> 法师报曰：“今之彼，欲追寻圣迹，慕求法耳。”可汗乃令军中访解汉语及诸国音者，遂得年少，曾到长安数年，通解汉语，即封为摩咄达官，作诸国书，令摩咄送法师到迦毕试国。又施绯绫法服一袭、绢五十匹，与群臣送十余里。

不过叶护可汗还是很愿意帮助玄奘。他从军中找出一位通解汉语、同时还通解多国语言的年轻人，这位年轻人曾经在长安生活过数年。可汗当即委任他为“摩咄达官”，让他带着可汗的“国书”，一路陪送玄奘到迦毕试国，也就是今天的阿富汗。当时的西突厥，影响所及，往南刚好到迦毕试国为止。

有了叶护可汗的支持，玄奘此后的行程十分顺利，一路南行，经过中亚的数十个国家，到达迦毕试国。迦毕试国离印度已经很近，玄奘由此很快就进入了北印度。

玄奘从长安出发，是在唐贞观元年（627），他到达素叶，应该是在贞观二年（628）。近代研究西突厥的历史，其中涉及叶护可汗的年代，玄奘与叶护可汗见面的时间，因此也成为一个重要的坐标点。学者们对此作了不少讨论。十多年后，贞观十九年（645），玄奘回到中国，写下了《大唐西域记》。通过《大唐西域记》，唐太宗知道了这么多有关素叶或者说碎叶的情况。对于唐太宗，这些知识，很可能是闻所未闻。

唐太宗要玄奘撰写《大唐西域记》，主要的目的，其实是希望尽量多地了解西域的情况。新建立的唐王朝，要保卫和巩固自己的疆域，面临的最主要的问题，是消除当时西面和北面突厥军事联盟所形成的威胁和处理与突厥部落的关系。东突厥的问题，在贞观四年（630）得到解决，其后剩下的，主要就是西突厥。整个唐太宗时期，西突厥与唐王朝时而保持和平，时而兵戎相见。这样的形势一直持续到唐高宗时期的显庆二年（657），西突厥才完全被唐朝的军队打败，唐朝的军队控制了以碎叶为中心的中亚的一大片地区，同时在碎叶设置军镇。新设的碎叶镇成为唐王朝最西的军镇，与龟兹、疏勒、于阗一起，合称“安西四镇”，统属于安西都护府。不过，在此后中亚各种政治军事力量的较量中，安西四镇曾经一度被放弃，后来再度恢复。安西都护府的治所，曾经一度前移至碎叶。

唐高宗仪凤二年（677），西突厥的一位首领李遮匐与贵族阿史那都支打算叛离唐朝，朝廷派遣大将裴行俭和王方翼带兵出征。唐军到达西域，很快平定了事态。唐高宗调露元年（679），王方翼在原来旧城的基础上，重新修筑碎叶城：“立四面十二门，皆屈曲作隐伏出没之状，五旬而毕。西域诸胡竞来观之，因献方物。”（《旧唐书》卷一百八十五《王方翼传》）整个工程耗时前后五十天。王方翼重修碎叶城，对于巩固唐军在当地的军事存在起了重要的作用，碎叶一时成为唐王朝在中亚地区军事和行政管理的中心，战略地位极为重要。碎叶城在这个时候，规模应该是更大了。当然，玄奘不可能看到这些在后来才发生的事情。

这时的碎叶城，居民中不仅有驻扎当地的中国军人，也有从事商贸和手工业的平民，既有中原地区来的汉族，更多的还有来自中亚各地的胡人。李白生于武后长安元年（701），从时间上推断，李白的父亲居留在碎叶的时间，大约就应该在高宗到武后时期，也就是在王方翼筑城的前后。

这些从中国中原地区来到碎叶的军人，出生入死，长期远离家乡，既想建功立业，又怀念万里之外的家人，随军的诗人们应时而作，于是就有了唐诗中的边塞诗。边塞诗描写军人征战和思乡之情，雄浑苍凉，浪漫悲壮，其中不乏名篇，不少作品写到碎叶。唐代的王昌龄，以写作边塞诗而著名，他曾经随军到过西域，很可能也到过碎叶。王昌龄的名篇之一《从军行》，其中的第六首写到碎叶的秋月，万里边关，仰望明月，另有一种悲凉悠远的意境：

胡瓶落膊紫薄汗，碎叶城西秋月团。

明敕星驰封宝剑，辞君一夜取楼兰。

另一位诗人戎昱的《塞上曲》，则写到将军碎叶夜猎，山火延烧，戍卒大呼小叫的情景：

胡风略地烧连山，碎叶孤城未下关。
山头烽子声声叫，知是将军夜猎还。

再有刘商的《胡笳十八拍》，尽写边塞之情。其中“第七拍”，先写觱篥之愁，再写琵琶之怨，一夕明月之下，感叹征战之身的不自由：

男儿妇人带弓箭，塞马蕃羊卧霜霰。
寸步东西岂自由，偷生乞死非情愿。
龟兹觱篥愁中听，碎叶琵琶夜深怨。
竟夕无云月上天，故乡应得重相见。

唐王朝对西域地区的全面的经营，一直持续到唐玄宗时期。唐玄宗天宝十载（751），唐将高仙芝带领军队，在中亚的怛罗斯——地点离碎叶也不远，《大唐西域记》里称作“呾逻私”——与大食，也就是进入中亚不久的阿拉伯阿拔斯王朝的军队发生冲突。一场大战，唐军战败，唐朝的军队和政府管理机构从此退出这一地区，素叶或者说碎叶也随之渐渐地淡出了中国人的视野。岁月流逝，世事沧桑，玄奘之后，时间又过去了一千多年，中亚地区发生了极大的变化，民族迁徙，战争不断，无数的古国因此消失，无数的古城也毁坏湮灭在战乱之中。碎叶城的命运也不例外。到了 20 世纪前期，当年的碎叶，究竟在今天的什么地方，成为了一个谜。

19 世纪后期，中亚地区大多数国家先后被沙皇俄国吞并，或者是被其控制。1917 年苏联建立，继承沙俄的版图，这一地区又成为苏联的一部分。从 20 世纪 50 年代开始，苏联的考古学家为了研究历史，在苏联的中亚地区开展了广泛的考古发掘。考古学家们在今天吉尔吉斯的首都比什凯克（Bishkek）东约六十公里的小镇托克马克（Tokmok）附近，发现一处古城遗址，这个地方当地人称阿克 · 贝西姆（Ak-Beshim）。根据发掘出来的残存的城垣，可以看出古城的范围很大，但古代这里是什么地方，没有人知道。发掘的成果很丰富，一些学者根据《大唐西域记》等书的记载，推测这就是玄奘讲的素叶水城，也就是唐代安西四镇之一的碎叶。不过除此以外，没有其他更确切的证据，因此一直有人对这样的推断表示怀疑。直到 1982 年，一次新的发掘中，出土了一段红色花岗岩的佛教造像碑，佛像无存，只剩底座部分，底座上镌刻有汉文的铭文，铭文的文字虽然有残缺，但“安

今日碎叶：阿克－贝西姆遗址

碎叶城残垣

西副都护碎叶镇压十姓使上柱国杜怀宝”“敬造一佛二菩萨”的字样却清晰可辨。在记载王方翼重修碎叶城事迹的《新唐书》里，也提到了杜怀宝这个名字，官衔也正是“安西副都护”。二者吻合无间，这就无可辩驳地证明，现在的阿克·贝西姆遗址，就是当年的碎叶城。学者们还推断，这块造像碑出土的地方，应该就是中国史书里记载的武后时代在碎叶建造的“大云寺”。在同一地方，还曾经出土过另外一块比较完整的汉式佛像碑。更晚的一个发现是在1997年，在碎叶遗址城墙的南边，出土了一块残碑。残碑上尚存有少量汉字，内容和语气说明，这块碑与唐代戍边的军人有关。此前，从阿克·贝西姆遗址出土的，还有许多唐代的铜钱。所有这些，都证明这里一度曾经是中国人聚居的地方。

今天的碎叶城遗址，虽然离吉尔吉斯的首都比什凯克不远，但平常少有人至，近年来稍有人气，是因为不时有中国人来到这里，凭吊自己的先辈，尤其是一生充满了传奇故事的诗人李白。人们来到遗址，一眼望去，是一片广袤的荒野。远处有河，天际是绵延的高山。近处土丘起伏，杂草丛生，四周稀疏地长着一些树。如果仔细地寻找和辨认，在土丘的后面，可以发现少许残垣断壁。遗址的入口处，竖立着一块标牌，上面用吉尔吉斯语、俄语和英语标示出“阿克·贝西姆遗址”的字样。荒草萋萋，寒烟迷茫，当年的繁荣，早已掩埋在成堆的黄土之下。

因为李白，许多人知道了碎叶；因为玄奘，我们知道了素叶，同时还知道素叶与碎叶原来是一个地方。如果说，历史上曾经有这么一座城市，离开当年的中国本土万里之遥，孤处异域，却曾经居住过这么多的中国人，同时还留下

重访碎叶：追寻玄奘足迹的中国人

这么多传奇的故事，在盛唐的诗歌中又成为边塞、征战和思乡的象征，这不会是别的地方，一定是我们至今难以忘记的碎叶。

飒秣建：一座有“中国门”的城市

如果说，丝绸之路上曾经有过一些城市，它们通过贸易和文化，把中国与那个时候的西方世界连接在一起，飒秣建或者说撒马尔罕无疑是其中最重要的一个。

撒马尔罕是今天中亚最著名的古城之一。作为一个城市，撒马尔罕至少已经有两千多年甚至更长的历史。在中国的古籍中，撒马尔罕最早的名字，不是撒马尔罕，而是“康居”或者“康国”。《史记》的《大宛列传》讲，张骞出使西域，把西域诸国的消息带回中国，其中就提到康居。此后康居又被简称为康国。《史记》之后，中国正史中的《西域传》，很多也都提到康国。康居和康国这两个名称，在唐代使用得尤其多。

在玄奘的《大唐西域记》里，撒马尔罕称作“飒秣建”。“飒秣建”与“撒马尔罕”，发音相近，其实是同一名称在不同时代的不同翻译。原名因为历史上民族语言的替代关系，先后有一些细小的变化，译名因此也有所不同。撒马尔罕一名，出现在元代以后的中国文献中，明清沿用，一直通行到现在。

历史上的飒秣建或者说撒马尔罕，曾经是一个国家，今天则是一座城市，属于乌兹别克斯坦，乌兹别克语写作Samarqant。

古代到过飒秣建的中国人，玄奘不能说是第一位，但对于飒秣建，玄奘做过一些特别的记载。玄奘《大唐西域记》卷一，有一段专门讲“飒秣建国”。玄奘首先说，“飒秣建国，唐言康国”，然后讲到飒秣建具体的情况：

> 飒秣建国，周千六七百里。东西长，南北狭。国大都城周二十余里，极险固，多居人。异方宝货，多聚此国。土地沃壤，稼穑备植。林树蓊郁，花果滋茂。多出善马。

从玄奘的这一段话里，可以看到，飒秣建在当时是一个不小的国家，不仅土地肥沃，气候温和，农业发达，还出产好马。不过，这些还不算飒秣建国最突出的特点，对飒秣建国，玄奘还做了一些特别的描述：

> 机巧之技，特工诸国。气序和畅，风俗猛烈。凡诸胡国，此为其中。进止威仪，近远取则。其王豪勇，邻国承命。兵马强盛，多诸赭羯。赭羯之人，其性勇烈，视死如归，战无前敌。

与这一地区的其他国家相比，玄奘的这两段叙述，有几点值得注意。

首先是“机巧之技，特工诸国”。那就是说，手工制造业特别发达。在古代，手工业发达，多数情况下与商业的发达密切相关。手工制造业发达的地方，商业也会很繁盛。

第二点是“异方宝货，多聚此国”。这也与商业有关。古代的飒秣建国，地处中亚的交通要道，也就是后来所谓的丝绸之路上，东连中国，西邻波斯，南接印度，两千多年来一直是东西方贸易最重要的城市之一。商贾云集，四方的奇珍异宝，自然都汇聚于此。玄奘讲“异方宝货，多聚此国”，正是对这一历史事实的描述。

第三点是“凡诸胡国，此为其中。进止威仪，近远取

飒秣建旧城遗址

则”。这是说，在西域的这些“胡国”中间，飒秣建国处于中心位置，飒秣建的举止风俗，是远近的这些胡国模仿的对象。古代的飒秣建，属于玄奘所说的“窣利”地区。“窣利”又称“粟特”，也就是这一时期罗马人称作的 Sogdiana。这里的居民因此也被称作粟特人。历史上的粟特人，以善于经商而著称。一千多年前的丝绸之路上，最活跃的就是粟特的商人。飒秣建是粟特地区的中心，举止风俗，自然影响到整个中亚地区。“异方宝货，多聚此国”，正是这些粟特人经商

飒秣建旧城：当年的中国门

的结果。

粟特人的风俗，不仅在当时的中亚地区有最大的影响，从南北朝到隋唐时代，因为经商，他们大量地来到中国，其中许多人后来又定居在中国，在中国西部建立了自己的聚落。粟特人在经商之外，还在中国做官，粟特的风俗也被他们带到了中国。近年来在山西和陕西发现不少南北朝隋唐时代粟特移民的大墓，墓中出土的文物，就明显地表现出这种文化迁徙的痕迹，其中包括他们拜火教的信仰。这些粟特人，后来都融入到中国人当中。从康国来的，就姓康。中国今天的康姓人家，其中的一部分，就是他们的后代，只是早已经难以辨认。

第四点是“其王豪勇，邻国承命。兵马强盛，多诸赭羯。赭羯之人，其性勇烈。视死如归，战无前敌”。这是说，飒秣建国兵强马壮，国王英武豪勇，邻国听命。“赭羯”一语，依照《新唐书》的解释，意思是战士。国王的手下，就有很多这样的战士。

玄奘到印度求法，对他来说，飒秣建国只是他路途所经过的诸多国家之一，他在飒秣建国停留的时间并不长，但却经历了一些小小的曲折。玄奘的传记《大慈恩寺三藏法师传》卷一讲到他在飒秣建的经历：

> 至飒秣建国（唐言康国），王及百姓不信佛法，以事火为道。有寺两所，迥无僧居。客僧投者，诸胡以火烧逐，不许停住。法师初至，王接犹慢。经宿之后，为说人天因果，赞佛功德，恭敬福利，王欢喜请受斋戒。遂致殷懃。

这就是说，飒秣建国的国王和老百姓，都不信仰佛教，他们“事火为道”，信仰的是拜火教，也就是当时中国人所称的“祆教”。在当时的飒秣建城里，有两座佛寺，但却没有僧人。要是有佛教的僧人来到此地，老百姓也往往用火驱逐。玄奘到来，国王最初只是勉强接待。只是住了一夜之后，玄奘为国王介绍了佛教的情况，国王明白了一些，态度才变得客气起来。

但玄奘的两位小徒弟，遭遇却没有玄奘这么好：

> 所从二小师，往寺礼拜。诸胡还以火烧逐沙弥。还以告王，王闻令捕烧者。得已，集百姓，令截其手。法师将欲劝善，不忍毁其肢体，救之。王乃重笞之，逐出都外。自是上下肃然，咸求信事。遂设大会，度人居寺。其革变邪心，诱开蒙俗，所到如此。

这两位“小师”，原本是玄奘从高昌带过来的。小师到佛寺礼拜，当地人仍然是用火驱逐。小师回来，报告了国王。国王让人把这些人抓了起来，又集合老百姓，要当众砍掉这些人的手。玄奘有慈悲之心，反而为他们说情。国王于是把处罚改为鞭刑，并且把这些人赶出了城。从此当地人规规矩矩，对佛教也有了虔敬之心。

玄奘在飒秣建的经历有惊无险，但飒秣建，也就是撒马尔罕城在历史上却历经沧桑，数次大起大落，繁荣的城市几度被毁，又几度重建。其中最大的一次，是在玄奘到达撒马尔罕大约六百年以后。

公元 1219 年，成吉思汗率领蒙古军队西征，首当其冲的就是撒马尔罕。经过一年多的战争，强悍的蒙古军队攻占了撒马尔罕，城中的人口几乎被屠杀殆尽，整座城市全部毁于战火。旧城毁灭以后，过了一些年，人们才在旧城的南边，重新建起了现在的撒马尔罕城。旧城只剩下一处遗址，现在的名字叫做阿甫拉西阿卜（Afrasiab）。现今的遗址，面积 219 公顷，远望是一大片略微起伏的土丘。土丘上是荒原，当地的老百姓有时在这里放羊。不过，土丘上的一些地方，还能依稀辨认出当年房屋的遗迹。

在考古发掘的旧城遗址上，今天的土丘的东面稍微偏北，有一段低洼地带，中间一条纵向的沟豁，被判断为古代一处城门的旧址。这处城门，处在内城向东的方向，传说就是当年的“中国门”，因为来自中国的丝绸等物，都是从东边运进城市。说撒马尔罕是古代丝绸之路上最重要的城市之一，“中国门”也是证据之一。

在阿甫拉西阿卜遗址旁边，今天还建有一座考古博物馆，馆中陈列的是多年来在遗址进行考古发掘所发现的部分文物以及发掘的历史和研究成果。博物馆中央的大厅，三面墙上，贴着发掘出的壁画。壁画上画的是骑马猎兽的武士，也有骑象行进的国王或者贵族，还有国王和他的部属，也有一些人看上去像是商人。这些壁画的年代，依据大多数考古学家们研究的意见，大致是 7 世纪中期，而玄奘路过这里的时间，也正是在这个时候。

壁画中最有意思的是一只船，船上坐着一群人，都是女性。正中一位的服饰与众不同，显然是贵族甚至王族。这位女性前后的女子，穿着也很华美，其中两位或三位手持乐器，正在演奏，其余五位或六位作顾盼状，每一位的双手都做出优雅的姿势。很多研究者都认为，这幅壁画，表现的是来自中国的贵族女子形象。是还是不是，也许可以做更细致的讨论。不过女子们的服饰与脸型，看上去与其他壁画中当地的“胡人”真不一样，确实有些像中国人。壁画的大部，

上：飒秣建旧城遗址出土壁画：古代的商队
下：飒秣建旧城遗址出土壁画：中国贵族女子

虽然已经斑驳残破，但依然能够显示出当年的精致和光彩。

博物馆的陈列柜里，展览有各种古钱币。其中许多是中国的古钱，“开元通宝”的字样清楚可辨。来自中国的文物，在这里并不少见。乌兹别克斯坦首都塔什干的国家博物馆，陈列有三只铜镜，从纹饰上看，显然是中国的汉镜。出土的地点也都在撒马尔罕。这几只铜镜的年代，比“开元通宝”更早。这说明飒秣建与中国之间，从汉代就开始有交往。《史记》和《汉书》中的记载，在这里可以得到实物的印证。

玄奘到达飒秣建，是在唐贞观二年（628）。三十年后，唐高宗显庆三年（658），唐中央政府在这里设置了羁縻性质的康居都督府，只是设置的时间很短，前后仅仅十二年。不过，仅此一点，也可以说明当时中国在飒秣建的影响。旧城的东门被称作“中国门”，估计就是在这个时候。

在中亚的历史上，飒秣建或者说撒马尔罕一直扮演着重要的角色。它虽然在1220年被蒙古军队征服并毁灭，但到了14世纪后期，声称自己同时具有突厥和蒙古血统的将军帖木儿（Amir Temur），通过征战，建立了一个囊括中亚和西亚广大地域的帖木儿帝国。帖木儿帝国的首都，就在撒马尔罕。帖木儿和他的继承者，利用战争中获得的财富，在撒马

撒马尔罕出土的汉镜

尔罕大兴土木，建起许多规模巨大、富丽堂皇的宫殿和伊斯兰建筑。这些建筑包括今天还能见到的帖木儿墓和几处伊斯兰学院，让帖木儿大帝留名至今。今天的撒马尔罕城，最有特色的就是这些中亚风格的伊斯兰建筑。在帖木儿时期，撒马尔罕重新获得了新的辉煌，只是这个时候撒马尔罕的居民成分，已经完全不同于玄奘的时代。2000 年，联合国教科文组织把撒马尔罕旧城列入了世界文化遗产名录。作为一座有两千多年历史的古城，它名副其实。

如果说，丝绸之路上曾经有过一些城市，它们通过贸易

撒马尔罕：伊斯兰
神学院

撒马尔罕：帖木儿墓

和文化，把中国与那个时候的西方世界连接在一起，飒秣建或者说撒马尔罕无疑是其中最重要的一个。玄奘《大唐西域记》中的记载，让我们对此有了更多的认识。

怀念巴米扬大佛

巴米扬大佛不仅是阿富汗历史上的奇迹，也是古代世界的奇迹之一。大佛虽然已经被毁，但在希望和平的人们的心中，大佛永远存在。

玄奘《大唐西域记》卷一，记载有“梵衍那国”：

梵衍那国，东西二千余里，南北三百余里，在雪山之中也。人依山谷，逐势邑居。国大都城，据崖跨谷，长六七里，北背高岩。有宿麦，少花果。宜畜牧，多羊马。气序寒烈，风俗刚犷。多衣皮褐，亦其所宜。文字风教，货币之用，同覩货逻国。语言少异，仪貌大同。

梵衍那即今天阿富汗的巴米扬（Bamiyan）。玄奘西行，首先到达今天的乌兹别克斯坦和哈萨克斯坦境内的一些古国，然后经过“铁门”，进入“覩货逻国故地”，也就是今天阿富汗北部一带。他先到达缚喝国，位置在今天阿富汗的马扎里沙里夫（Mazar-i-Sharif）附近，然后南行，经过揭职国，折向东南，翻过大雪山，也就是今天的兴都库什山，就到达了梵衍那国。梵衍那与巴米扬，是不同时代不同的译名，二者词源一样，只是古代和今天略有一点不同而已。

玄奘不是第一个讲到梵衍那的中国人。玄奘之前，梵衍那在中国的史书中已经有记载，不过名字往往不一样。《魏书》与《北史》称作“范阳”，《隋书》称作“帆延”。玄奘之后，《新唐书》称作“帆延”，也称作“望衍”，或者“梵衍那”。在古代，跨越兴都库什山，连接中亚和南亚地区的商路，也就是今天所说的丝绸之路上，梵衍那曾经是一处重要的节点。

玄奘到达梵衍那国时，梵衍那的佛教正盛，因此《大唐西域记》里讲：

> 淳信之心，特甚邻国。上自三宝，下至百神，莫不输诚，竭心宗敬。商估往来者，天神现徵祥，示祟变，求福德。伽蓝数十所，僧徒数千人，宗学

小乘说出世部。

在玄奘的眼里，与邻近的国家相比，梵衍那国的人民对佛教的信仰最为虔诚。“商估”就是商贾。“商估往来”，说明在梵衍那国，贸易发达，来往的商人众多。商人远行经商，最希望神明保佑，作为群体，他们也最容易接受佛教。“伽蓝”是佛寺的另一个名称。“说出世部”则是指佛教的一个派别，梵语的原名是 Lokottaravāda。加上“小乘”二字，是说梵衍那国的这个佛教派别从大处讲属于小乘佛教。

不过，最能说明梵衍那国这个时候佛教之盛的，不是别的，是这里的大佛。接下来玄奘就讲：

王城东北山阿有立佛石像，高百四五十尺，金色晃曜，宝饰焕烂。东有伽蓝，此国先王之所建也。伽蓝东有鍮石释迦佛立像，高百余尺，分身别铸，总合成立。

梵衍那国的王城，位于今天的巴米扬谷地。玄奘讲到的这两处大佛，在巴米扬谷地边缘的一处峭壁上，它们就是近代以来人们熟知、世界有名的巴米扬大佛。

两座大佛，一座在西边，一座在东边，相距大约400米。根据现代测量的结果，西边的一座大佛体高53米，东边的一座大佛高度低一些，但仍然高35米。他们分别站立在两个巨大的佛龛或者说石窟中。佛龛从岩壁上凿出，一处高58米，编号为620；一处高38米，编号为155。佛龛既是整个建筑的一部分，也起着保护佛像的作用。佛像的主体，由岩石凿成，一些地方，包括佛的面部、手以及衣饰，敷以混合草秸的泥灰，然后再涂以矿物颜料。从残存的佛身看，大佛身披通肩袈裟，薄衣贴体，虽然周身装饰宝物早已不在了，但远远望去，大佛神态庄重，气势雄浑。佛龛的侧壁，还可以见到少量残存的壁画。

两座大佛开凿于什么时候，没有记载，从佛教在阿富汗发展的历史以及考古的结果推断，大约在5到6世纪之间。玄奘到达梵衍那国时，正是大佛最辉煌的时候。“金色晃曜，宝饰焕烂”，显然给玄奘留下了很深的印象。

所谓“鍮石”，是古代对黄铜的一种称呼。玄奘说，第

巴米扬大佛：620窟

巴米扬 620 窟壁画：飞天

二座立佛“高百余尺”，低于第一座立佛，今天人们见到的确实如此。两座立佛，高度有所差别。同时玄奘还讲了，这第二座立佛，是用鍮石“分身别铸，总合成立”。这一点却让人有点疑问，因为现在看到残存的第二座立佛，只是在石崖上凿成的一个佛的形象的轮廓，看不到铜佛的痕迹。这样的情形，可以有两种解释。一种解释是，玄奘的记载不准确。另一种解释是，当玄奘见到这座立佛的时候，整个佛身虽然是在巨大的岩壁上依山石而凿成，但佛身的表面，很可能还覆盖着一层黄铜的铸件，这让玄奘以为整个佛身都是由黄铜铸成。从情理推断，也许后一种解释更合适。

《大唐西域记》里，讲到的佛像很多，但通过这样的工艺铸造而成的佛像，而且是一座规模宏伟的大佛，只有这一处。

除了两座大佛，巴米扬的峭壁上还曾经开凿有大大小小数百个佛龛和石窟，开凿的年代不一，形制大同小异，但大多早已风化和损毁，只能看到当年开凿的痕迹。从残存的形态判断，这些龛窟，当年有的用作安置佛像，作为崇拜之用，有的是当时僧人们坐禅的禅窟，也有的可能是作为僧房使用。

两座立佛，稍低的一座，玄奘说得很清楚，是释迦牟尼佛。但高的一座是什么佛，玄奘没有讲。有人认为是毗卢遮那佛（Vairocana Buddha），也就是中国人说的大日如来，也有人认为是灯光佛（Dīpaṅkara Buddha）。从雕凿的形态看，二者都属于后期犍陀罗佛教艺术的风格。犍陀罗佛教艺术公元前后起源于今天巴基斯坦西北部白沙瓦一带，也就是古代所称的犍陀罗（Gandhāra）地区，公元以后向北向东传

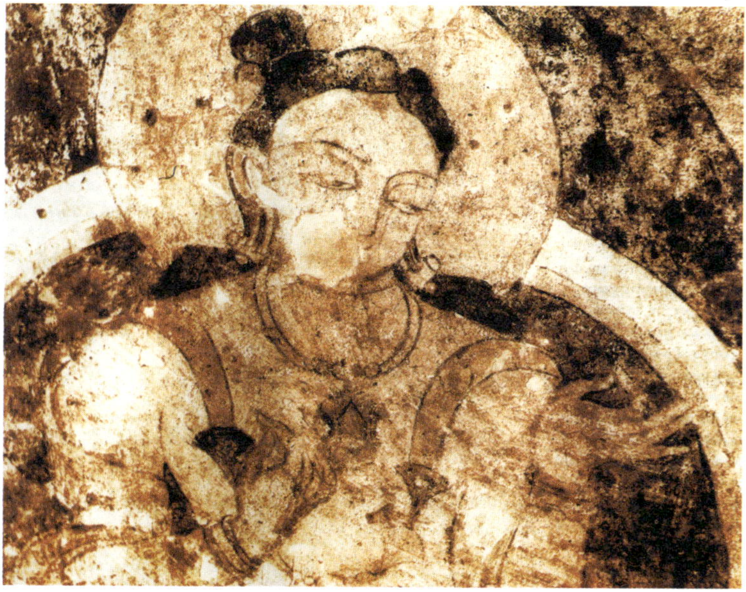

巴米扬 620 窟壁画：供养人

至中亚地区，然后再传到今天中国的新疆和其他地区，影响所及，包括中国北方几乎所有的石窟和佛像建筑，这其中包括今天有名的新疆克孜尔石窟和吐鲁番石窟、甘肃炳灵寺石窟、大同云冈石窟以及洛阳龙门石窟。如果高的一座立佛可以认定为毗卢遮那佛，有趣的是，龙门石窟最大的一座佛，即一般所说的奉先寺大佛，也是毗卢遮那佛，只是前者是立佛，后者是坐佛，二者都可以说是历史上佛教造像艺术的精品。

玄奘在《大唐西域记》中对巴米扬这两座大佛的描述，是世界上最早、一度也是最详细的记载。

不过，让人遗憾的是，两座大佛雄伟辉煌的风貌，并没有保持多久。玄奘到达梵衍那国，应该是在唐贞观二年（628）。四五十年后，伊斯兰教就进入了阿富汗，再以后阿富汗地区渐渐被伊斯兰化，曾经在阿富汗存在千年以上的各个宗教都先后被伊斯兰教所取代。佛教是伊斯兰教徒认为的“异教”之一，不被容忍。到了9世纪末，佛教在阿富汗就基本上不存在了。大佛没有了信众，也就没人维护，随着自然的风化，大佛渐渐毁坏。不仅如此，历史上统治过阿富汗的信仰伊斯兰教的国王，曾经几次试图毁掉大佛。其中一

眺望巴米扬大佛

位是 17 世纪后半期到 18 世纪初统治印度、同时也统治阿富汗部分地区的莫卧儿王朝的皇帝奥朗则布（Aurangzeb），就尝试破坏大佛。18 世纪波斯的一位国王纳德尔·阿夫沙尔（Nader Afshar），曾经下令军队用火炮轰击大佛。到了 20 个世纪末，一度无比辉煌的大佛，已经残破不堪。不过，两座大佛虽然残破，仍然还屹立在巴米扬谷地的峭壁上，整体的形象依然雄奇伟岸，多年来依然是一处世界著名的佛教遗址。

但大佛多舛的命运到此还没有完全结束。尽管大佛已经被联合国教科文组织认定为世界文化遗产，2001 年 3 月，当时统治阿富汗的塔利班政权，同样出于宗教的偏执，决心彻底摧毁两座大佛。破坏行动从 3 月 2 日开始，先后动用了大炮、火箭，还埋设了炸药，到了 6 日，两座大佛终于被炸成碎片，佛身不复存在，石壁上仅仅留下两个巨大的空洞。塔利班的举动，冒天下之大不韪，受到了全世界舆论的谴责，但事实已经造成，屹立于巴米扬一千多年的大佛，如今只有在照片中才能见到他们部分的面貌。宗教极端主义的疯狂行为，至今让人痛心和愤恨。

梵衍那佛教盛行，玄奘在梵衍那因此受到了特别的欢

炸毁前后的大佛：1963 年与 2008 年

迎。《大慈恩寺三藏法师传》卷二讲，玄奘到达梵衍那国时，“梵衍王出迎，延过宫供养，累日方出”。梵衍那国当时有两位很有学问的僧人，一位名叫阿梨耶驮娑，另一位名叫阿梨耶斯那。他们见到玄奘，惊叹道：“脂那远国有如是僧！”“脂那”就是“支那”，是印度人对中国的称呼。遥远的中国来的僧人，让他们既感到诧异，又觉得钦佩。他们

“殷勤不已”，领着玄奘到梵衍那国各处参观和礼拜。

在梵衍那，除了两处站立的大佛，玄奘还见到另一处大佛：

> 城东二三里伽蓝中，有佛入涅槃卧像，长千余尺。其王每此设无遮大会。上自妻子，下至国珍，府库既倾，复以身施。群官僚佐，就僧酬赎，若此者以为所务矣。

与立佛不一样，这是卧佛，表现的是释迦牟尼入涅槃时的形象。所谓“无遮大会”，是指佛教的大型斋会，一般五年举行一次。每次无遮大会，除了诵经说法，很重要的还有国王、大臣以及富有的居士对僧人们的布施。其中一个戏剧性的情节是，国王信仰虔诚，布施给寺庙的，不仅有珍宝与财物，还有妻子，最后再加上自己的身体，然后让大臣们用金钱把自己赎回。《大唐西域记》里，不止一次地记载了这样的情形。中国南北朝时期的梁武帝，信仰佛教极为虔诚，也曾经有过同样的举动，不过，这在中国招致了很多批评。

玄奘讲到的巴米扬的这处卧佛，很多年来，没有人知道在哪儿。直到阿富汗的塔利班政权倒台以后，为了弄清已经被炸毁的大佛究竟毁坏到什么程度，考古工作者又来到了大佛所在的地方，做新的调查。2008 年，考古学家们在炸毁的大佛附近，竟然有了新的发现。他们发现了一处过去没有人知道的卧佛。卧佛大部分已经毁损，残存的部分有 19 米长。这是不是就是玄奘提到的卧佛呢？很可能是。只是《大唐西域记》讲卧佛“长千余尺”，现在发现的卧佛，显然没有“千余尺”。但《大唐西域记》这一条记载，似乎也有些问题。“千余尺”即使是古尺，也是一个非常巨大的长度，折合成今天的公制，至少也有 100 多米。一般的佛寺内，很难想象会有如此巨大的卧佛。因此，玄奘书中的“千余尺”几个字，其中很可能有传抄中发生的讹误。

除了新发现的卧佛，考古学家们在被炸毁的立佛附近，还新发现了五十多个小石窟，让人惊奇的还有，其中十二个石窟中残留着一些壁画。根据对这些壁画底面材料中的草秸所做的放射性同位素测定，壁画画成的时间从 5 世纪开始，直到 9 世纪。对壁画原料的分析证明，其中除了矿物颜料外，还包含有油性物质。这让一些考古学家认为，这也许是历史上使用油性颜料作画最早的范例。如果是这样，那就比欧洲使用油性颜料作画，也就是一般所说的油画的出现，要早上六个世纪。

巴米扬的大佛，不仅是阿富汗历史上的奇迹，也是古代世界的奇迹之一。在人们的理解中，大佛是慈悲与和谐的象征，然而这个世界并不总是和平与安宁。古代的阿富汗已经经历过太多的沧桑，今天的阿富汗依然还没有得到应有的安宁。佛教说，世间万物，都会经历一个“生、住、坏、灭”的过程，难道大佛的命运也是这样的吗？

不管怎样，在希望和平的人们的心中，大佛会永远存在。

质子、质子宝藏与汉天子

在阿富汗，一千多年来一直流传着“宝藏”和寻宝的传说。玄奘讲到的，虽然只是故事，但反映了古代这个地区与当时的中国也包括今天中国的新疆地区曾经有过的交往。

玄奘《大唐西域记》卷一，讲到“迦毕试国”：

迦毕试国，周四千余里，北背雪山。三陲黑岭。国大都城周十余里。宜谷麦，多果木，出善马、郁金香。异方奇货，多聚此国。

迦毕试一名，原文为Kāpiśa，在中国的史书里，有时又翻译为迦臂施、迦毗试或者迦卑试。古代的迦毕试国，在今天的阿富汗境内。玄奘提到的迦毕试国大都城，依据《大唐西域记》以及其他历史文献的记载，再结合近代考古的发现，可以比定在今天阿富汗的贝格拉姆（Begrām）。故城位

迦毕试国都城遗址：贝格拉姆

于阿富汗首都喀布尔的北边，距离喀布尔六十多公里。

除了都城，玄奘又讲，在迦毕试国都城的东边，有一座佛寺：

大城东三四里，北山下有大伽蓝，僧徒三百余人，并学小乘法教。

伽蓝是梵文 saṅghārāma 一词的音译，汉译为“众园”，指的是佛寺。有意思的是这座佛寺的故事：

> 闻诸耆旧曰：昔健驮逻国迦腻色迦王，威被邻国，化洽远方。治兵广地，至葱岭东。河西蕃维，畏威送质。迦腻色迦王既得质子，特加礼命，寒暑改馆。冬居印度诸国，夏还迦毕试国，春秋止健驮逻国。故质子三时住处，各建伽蓝。今此伽蓝，即夏居之所建也。

健驮逻国（Gandhāra）是印度历史上有名的古国，旧地在今天的巴基斯坦境内，大致以白沙瓦为中心，延伸到一个更大的地区。健驮逻国的迦腻色迦王（King Kaniṣka），是印度历史上的贵霜王朝最著名的国王。贵霜王朝由贵霜人所建立。贵霜人属于大月氏人的一部分。大月氏人最早居住在今天中国的敦煌及祁连山一带，秦汉时代因为受到匈奴的压迫，从中国的西部迁徙到中亚，进而到达印度。大月氏人分为五个大的部落，其中一支称作贵霜。贵霜王朝由此得名。迦腻色迦王是贵霜最有名的国王。贵霜王朝在他统治的时代，势力强大，地域不仅包括今天的北印度，也包括今天的

贝格拉姆宝藏：来自印度的象牙雕刻（一）

阿富汗，甚至包括今天中亚的乌兹别克斯坦、塔吉克斯坦的一部分，影响更达到今天中国新疆地区的西部。这里讲迦腻色迦王“威被邻国，化洽远方”，可以说是历史的事实。只是迦腻色迦王在位的准确年代至今不是很清楚，目前只能大致地说是在公元 1 世纪或者 2 世纪，前后一百多年之间。最新的研究，认为在公元 2 世纪的前半期。

古代国家与国家交往，为了表示诚信，有时也是一种外交手段，往往会把自己的王子或子弟派到对方国家去作为人

贝格拉姆宝藏：来自印度的象牙雕刻（二）

质，这样的人就称作“质子”。“河西蕃维，畏威送质”，意思是说，在“河西”地区的藩属国的国王，因为畏惧迦腻色迦王，把自己的子弟送到迦腻色迦王统治的健驮逻国作为质子。迦腻色迦王对质子也非常客气，专门为质子修建了馆舍，让质子冬天住印度，夏天回到迦毕试国，春秋天则住健驮逻国。

如果研究西域的历史，这显然是一件很有意思的事。首先，玄奘书中讲的“河西蕃维”，是指什么地方的什么国家呢？所谓“河西”，一般的理解，指的是中国黄河以西，大致指今天的甘肃、青海西边一带。不过，从《大唐西域记》的上下文看，玄奘在此处所讲的“河西”，地域很宽，葱岭以东，黄河以西，都是“河西”，这是古代西域的一部分，也就包括今天中国的新疆地区。这个地区历史上曾经有过许多不同的民族，建立过时代不一、大小不等的一些国家。这些国家，与中原地区的王朝关系密切，同样也与更西边的中亚和南亚地区联系紧密。对这些国家，中国历代的史书中有详略不等的记载。玄奘讲的这件事，在中国的史书中有没有一点踪迹可寻呢？

20 世纪早些时候，日本学者羽溪了谛提出一种解释。他根据《后汉书 · 西域传》中疏勒国一节中的一段记载，说的是东汉安帝元初年间（114—120），疏勒国的国王名叫安国，安国的舅父，名叫臣磐。臣磐犯了罪，国王安国就把臣磐送到了月氏国。但月氏国王喜欢臣磐，对臣磐特别友好。后来安国去世，没有儿子，于是月氏王派兵把臣磐送回疏勒。疏勒国人从来就敬爱臣磐，又畏惧月氏国，于是臣磐就做了疏勒国的国王。他认为，臣磐就是玄奘在这里讲到的那位“河西蕃维”送到迦腻色迦王那儿去的质子。后来中国学者冯承钧也沿用此说，并做了更多的讨论。（参考羽溪了谛：《西域の佛教》，法林馆，1914；冯承钧:《迦腻色迦时代的汉质子》,《西域南海史地考证论著汇辑》，中华书局，1957）。

如果这样的解释成立，从汉文史料中疏勒国王安国遣送臣磐的时间，即公元114到120年之间的某一年，似乎可以推断迦腻色迦王的时间。从20世纪初开始，欧洲和印度的学者对迦腻色迦王做过很多研究，最有争议的，就是迦腻色迦王的年代问题。尽管有出土的钱币、碑铭，还有各种语言，其中主要是汉语的文献材料，但依然众说纷纭。有的说在公元1世纪，也有的说在公元2世纪。而且不管是公元1世纪还是2世纪，具体在哪个时段，互相之间差异也很大。以至于历史上究竟是有一位名叫迦腻色迦的国王，还是有两位名字一样但先后时间不同的国王，也存在争议。这个问题，被称作迦腻色迦之谜。把臣磐与迦腻色迦联系在一起，支持了迦腻色迦王年代在2世纪前期的说法，只是这样的解释并没有被所有人接受。例如北京大学已故的教授向达先生就认为，臣磐是有罪而徙居月氏，身份不是质子。其他方面向达也有不同的意见。20多年前，中国社会科学院的余太山先生也讨论到这个问题，他不认为这里的质子就是疏勒国的臣磐，但当时西域的一些小国，往往不仅向汉朝称臣，也向贵霜王朝称臣，把质子送到迦腻色迦王那儿去。发生这样的事，并不奇怪，余太山把这称为“两属现象”（参考《两汉魏晋南北朝时期西域南北道绿洲诸国的两属现象——兼说贵霜史的一个问题》，《中国边疆史地研究》，1997 年第 2 期）。余太山的意见比较谨慎，说得也有道理。不过，把质子指认为臣磐，这样的解释，目前仍然还是不失为一种说法。

迦毕试国的这座质子伽蓝，因为专门为质子所造，其中还有质子的画像。玄奘亲眼见到了这幅画像：

> 故诸屋壁，图画质子。容貌服饰，颇同中夏。其后得还本国，心存故居，虽阻山川，不替供养。故今僧众每至入安居、解安居，大兴法会，为诸质子祈福树善，相继不绝，以至于今。

依照玄奘的叙述，画像中这位质子“容貌服饰，颇同中夏”，跟中国人很相似。但“颇同”一语，似乎又说明质子只是相貌与衣着与“中夏”，也就是中原地区的汉族人有些相似，却未必一定是汉人。这与“河西蕃维，畏威送质”，送出的质子不是汉族人，而是西域人这一点是一致的。只是

贝格拉姆宝藏：
来自古罗马的彩
绘玻璃杯

在玄奘看来，质子的相貌与衣着与“中夏”，也就是中原地区的汉族人有些相似而已。玄奘讲，这位质子后来回到了自己的国家，但他依然怀念旧居，虽然山川遥远，也不曾中断过对这座佛寺的供养。这座佛寺的僧人，每年进入坐夏和结束坐夏的时候，都要举行盛大的法会，法会的内容之一，就是纪念这位质子。到玄奘去的时候，都还是这样。玄奘还说到“诸质子”，似乎曾经有过的质子不止一位，而是有几位。

这座寺庙是一座小乘的寺庙，有一个具体的名字，叫“沙落迦”。玄奘到达迦毕试国时，就住在这座寺庙里。玄奘的传记《大慈恩寺三藏法师传》卷二讲：

> （玄奘）将至其都，王共诸僧并出城来迎。伽蓝百余所。诸僧相诤，各欲邀过。所住有一小乘寺，名沙落迦，相传云是昔汉天子子质于此时作也。其寺僧言：“我寺本汉天子儿作。今从彼来，先宜过我寺。”法师见其殷重，又同侣慧性法师是小乘僧，意复不欲居大乘寺，遂即就停。

看来玄奘在迦毕试国受到很好的接待，国王出城相迎，僧人们争相邀请玄奘到自己的寺庙去，为此甚至争吵了起来，最后是沙落迦寺的僧人把玄奘接了去，因为沙落迦寺是“汉天子子质于此时作也”。质子不仅来自“河西蕃维”，而且被说成是“汉天子”的儿子，难道这里说的“汉天子”是指中国中原地区汉族的“天子”吗？从“河西蕃维”而进一步变成为“汉天子”，这究竟是怎么回事呢？可能的一种解释是，当地的人，都知道“汉天子”之名，或者是这位来自“河西蕃维”的质子借“汉天子”之名而自重，质子来自东方，“汉天子”在东方，当地人因此就把质子与“汉天子”联系在一起。“沙落迦”一名，依照向达先生的意见，等同于传为唐代高僧义净编著的《梵语千字文》中的“娑啰誐”一名。在《梵语千字文》里，“娑啰誐”写作 Sarag，汉译为“洛”，指的是洛阳。同样的名字，在明代西安出土的唐碑《大唐景教流行中国碑》中再次出现，也是指洛阳。如果“沙落迦”等同于“娑啰誐”的说法成立，洛阳是中国东汉王朝的首都，“沙落迦”一名与“汉”以及“汉天子”，看来倒真不是没有关系。

不仅如此，有意思的还有质子留下的“宝藏”。《大唐西域记》继续讲：

伽蓝佛院东门南大神王像右足下，坎地藏宝，质子之所藏也。故其铭曰："伽蓝朽坏，取以修治。"近有边王，贪婪凶暴，闻此伽蓝多藏珍宝，驱逐僧徒，方事发掘。神王冠中鹦鹉鸟像乃奋羽惊鸣，地为震动。王及军人，僻易僵仆，久而得起，谢咎以归。

在寺庙北边的山岭上，还有石洞，传说其中也藏有珍宝：

伽蓝北岭上有数石室，质子习定之处也，其中多藏杂宝。其侧有铭，药叉守卫。有欲开发取中宝者，此药叉神变现异形，或作师子，或作蟒蛇、猛兽、毒虫，殊形震怒。以故无人敢得攻发。

"习定"就是坐禅，"习定之处"即坐禅之处。"药叉"一名，是梵文词 yakṣa 的音译。药叉原本是印度神话传说中的一种半神半人的精灵，后来被佛教吸收，进入佛教的神殿，成为护法神。药叉善于变化，这里便变作守护宝藏的狮子和蟒蛇等等。

贝格拉姆出土
武士头像

玄奘讲的那位边地的国王，试图掘宝，没有成功，其他人也没有成功。所有这些，看起来像是一个传说。与《大唐西域记》不同，《大慈恩寺三藏法师传》讲到的故事则与玄奘直接有关：这座寺庙里有塔，塔上的相轮被损毁了，僧人们希望取出宝藏，用作修理的资金，但是“地还震吼，无敢近者”。而当玄奘来到这座寺庙时，情况终于有了变化：

法师既至，众皆聚集，共请法师，陈说先事。法师共到神所，焚香告曰：“质子原藏此宝，拟营功德。今开施用，诚是其时。愿鉴无妄之心，少戢威严之德。如蒙许者，奘自观开，称知斤数，以付所司，如法修造，不令虚费。唯神之灵，愿垂体察。”

于是玄奘与大家一起祈请，果然有了作用：

言讫，命人掘之，夷然无患。深七八尺，得一大铜器。中有黄金数百斤、明珠数十颗。大众欢喜，无不嗟伏。法师即于寺夏坐。

所谓“夏坐”，又称“坐夏”，是佛教戒律中僧人必须遵守的一种规矩，指在每年的夏天，有三个月的时间，僧人们不外出，只能留在寺院里，坐禅静修。规矩从印度来。印度的大部分地区，属于典型的热带季风气候，通常 6 到 9 月为雨季，10 月至次年 5 月为旱季。夏天正属雨季，所以又称为“雨安居”。这就是说，玄奘为了“夏坐”，在这座寺院里足足停留了三个月。但迦毕试国的气候，跟印度不一样，夏坐的时间因此也不一样，不是在夏天，而是在年末。玄奘在《大唐西域记》中讲，这个时间是从头一年的十二月十六日开始，到第二年的三月十五日结束。

这一段故事，牵涉到玄奘个人的经历，尤其是提到玄奘在此坐夏，基本的情节应该是可信的。但《大慈恩寺三藏法师传》的作者，也就是玄奘的弟子慧立和彦悰，在叙述时显然也对细节有所夸大，乃至于对玄奘的这段经历做了一些神话性的描写。

玄奘讲到的这些传说和故事，来自他去印度求法，经过迦毕试国时的所见和所闻。我们可以这样认为，这些传说——尽管在当时就已经是传说——有一定历史依据。所有这些，不过是当时的中国也包括今天中国的新疆地区与印度及中亚古代的国家互相交往过程中发生的故事之一，其中有真实的历史，也有从历史演变出来的传说。

世事沧桑，岁月流逝，历史上的迦毕试国早已不存在，

阿富汗出土贵霜国王残像

质子伽蓝也早已无处可寻。今天的阿富汗，不管是民族还是宗教，还是人文的环境，很多都发生了巨大的变化。但在阿富汗，一千多年来却一直流传“宝藏”和寻宝的传说。而在上世纪的30年代末，就在古代迦毕试国都城所在的贝格拉姆，考古学家确实发现了一处“宝藏”，不过不是质子的宝藏，而是将近两千年前贵霜人，也可能是稍早时候的印度帕提亚人留下的宝藏，人称“贝格拉姆宝藏”。出土的物品中包括大量精美的工艺品，有的来自印度，有的来自罗马，使人诧异的是，其中还有来自中国的漆器。从漆器的形制和纹饰判断，它们制作的年代，大致在西汉后期到东汉前期。由此看来，迦毕试国流传的“汉天子”的故事，真不是完全凭空的虚构。不过，所有这些，涉及另外的许多故事，与《大唐西域记》关系不大，这里就不多讲了。

“西天”之名：古代中国人怎么称呼印度？

中国人最早知道印度，从张骞开始，张骞称印度为“身毒”。印度有多名。从玄奘开始，称印度为“印度”，这个称呼一直使用到今天。

玄奘《大唐西域记》卷二，开首有一节，对印度做整体的介绍。后来的标点本或是校注本，把这一节总称为“印度总述”，其中最开始的一段文字是：

> 详夫天竺之称，异议纠纷。旧云身毒，或曰贤豆。今从正音，宜云印度。印度之人，随地称国。殊方异俗，遥举总名，语其所美，谓之印度。

讲一个国家，首先要讲到的，就是名称，玄奘也不例外。玄奘讲印度“旧云身毒”，是因为张骞出使西域，到达今天阿富汗境内的一个国家，当时称作“大夏”，张骞在那里听说，在大夏的东南，还有一个国家，称作“身毒”，这个国家，离中国的西南边境还不远。历史上这是一个很有名的故事，记载在司马迁《史记》的《大宛列传》以及《西南夷列传》中。因为这个原因，当年的汉武帝，还一度试图从西南方向打通到印度的通道。“身毒”因此成为中国人最早称呼印度的名称。

不过，“身毒”一名，仅仅是中国人知道印度的开始。佛教在西汉末年传到中国，从西域包括印度来到中国的人——其中主要是僧人——多了起来，中国方面知道印度的情况也就越来越多。对于印度，除了“身毒”，又出现另外的一些称呼。玄奘在这里提到了“天竺”，又提到“贤豆”。其中“天竺”一名，最早见于《后汉书》的《西域传》，在唐代以前，使用得最多，直到今天，也还偶尔使用。相似于“天竺”和“贤豆”，而玄奘没有提到的还有一些，例如“天笃”、“天督”以及“呬度”。

但是，玄奘从印度回来，有了新的看法，在玄奘看来，过去的这些名字，用来称呼印度，都不合适，因为他们不是“正音”，正确的名称，应该是“印度”。对于“印度”一名，玄奘又做了进一步的解释：

印度者，唐言月。月有多名，斯其一称。

玄奘说，印度这个名字，意思是月亮，月亮有很多名字，这是其中之一。如果以此作为根据，玄奘讲的印度一名，还原为梵语，就是 Indu。在梵语里，Indu 一词的意思，确实是月亮。梵语里对于月亮，也确实有很多称呼，随便举几个例子，就有 candra、śaśin、śaśadhara、śaśabhṛt、śaśāṅka、soma、vidhu、niśākara 等词语。

但这里玄奘说的“印度”一词，意思真的是月亮吗？说起来有些遗憾，这中间其实有一点误会，玄奘的解释，不完全对。玄奘说的“印度”，虽然原文确实是 Indu，但这个 Indu，与指月亮的梵语词 Indu，不是一回事，因为二者的词源不一样。

玄奘讲到的“印度”，如果要讲词源，是从梵语 Sindhu 变化而来的 Indu，而不是指月亮的 Indu。梵语 Sindhu 一词，最初的意思就是河流，后来又专用来指今天的印度河。印度西边的居民，是讲伊朗语的波斯人。波斯人进入印度，首先遇到的大河是印度河，于是便以 Sindhu 作为这一片地方的名称，进而以此称呼整个南亚次大陆。梵语和古代伊朗语都属于印欧语系的印度伊朗语支，读音中 s 与 h 可以互换，古伊

西土五印之圖
此依西域記所録諸國方向最難排北當觀大略莫疑失次
流沙
玉門
陽關
敦煌
蒲昌海
高昌
北山
南山
于闐
西海
八六

《佛祖统纪》：西土五印之图

朗语中又没有 dh 一类的送气浊辅音，于是梵语的 Sindhu 在伊朗语中就变成为 Hindu。Hindu 一词中，h 进一步被弱化，就成为 Indu。中亚和西亚地区古代的居民，使用的语言很多属于伊朗语支或者至少是与伊朗语支相近的印欧语，于是 Hindu 或 Indu 这两个词也就成为对印度的一个普遍的称呼。

中国人最早知道印度，从张骞开始。张骞知道“身毒”这个名字的地方，是在“大夏”，也就是今天阿富汗的北部。“身毒”一名，显然翻译自中亚的一种语言。具体是什么语言，学者们做过讨论，可能是古代的“大夏语”，只是这样的推断目前还没有成为定论。至于“贤豆”“天竺”“天笃”“天督”“呬度”等译名，大致也都同样是在中亚语言影响下出现的词语。玄奘在《大唐西域记》里提出的新的译名“印度”，虽然有玄奘的解释，但追本溯源，仍然还是来自 Sindhu 一词。

古代的希腊人，最初是跟波斯人打交道。通过波斯人，希腊人知道了印度。希腊语中没有 h 音，希腊人就称印度河为 Indus，印度人为 Indoi。今天英语中的 India，德语和法语中的 Indien，以及其他印欧语言中的“印度”一词，都由此

印度：卡朱拉霍
印度教神庙

变化而来。

在“印度”的意思是月亮这个问题上，玄奘虽然说得不完全准确，但他却很正确地指出了一点，那就是“印度之人，随地称国”，意思是对于印度人而言，不称印度为印度。古代的印度，由许许多多大小不一的国家组成，每个国家都有自己的名字，印度人在一个地方，更多的只是称呼自己所在的国家的名字。只有印度以外的人，才往往把印度看作是一个整体，他们才把印度称为印度。玄奘说的“殊方异俗，遥举总名，语其所美，谓之印度”，也就是这个意思。

南亚次大陆上这么大的一个地区，印度人自己称作什么呢？最早的时候，印度人，例如在古代阿育王的石刻铭文中，曾经用“赡部洲”一名来指印度。但“赡部洲”的意思，或者是代表整个世界，或者作为“四大部洲”之一，至少代表了世界的相当大的一部分。只是那时的印度人似乎也认为，印度的土地，也基本上就代表了普天之下的土地。这一点，跟古代的中国人其实是一样的。稍晚一些时候，印度人对印度的范围有了更准确的了解，有了一个新的名称，称印度为“婆罗多国”，梵语的原文是 Bharatavarṣa。“婆罗多”是印度古老传说中的一位著名国王的名字，“婆罗多国”意思，就是这位“婆罗多王”统治的国家。到了今天，在印度的语言里，印度人提到印度，仍然是用这个名称。

印度在中国的西边，对于中国人，尤其是信仰佛教的中国人，印度也可以称作“西方”或者“西天”。“西方”或者“西天”这两个名字，由于佛教信仰的渲染和《西游记》一类故事的流传，往往也成为中国人熟知的印度的代名词。但不管是旧的译名，还是常用的代名词，一个事实是，从玄奘开始，中国人就称印度为“印度”，这个称呼一直用到今天。

从“印度”的意思是“月亮”这一点出发，玄奘还有更多的解释，这些解释也很有趣：

> 言诸群生，轮回不息，无明长夜，莫有司晨。其犹白日既隐，宵月斯继。虽有星光之照，岂如朗月之明？苟缘斯致，因而譬月。良以其土圣贤继轨，导凡御物，如月照临。由是义故，谓之印度。

这一段话，虽然只是玄奘的发挥，但是把印度大大地称赞了一通。从玄奘信仰佛教、热爱印度的角度讲，完全可以理解。

对于玄奘的说法，就是在唐代，也不是没有不同的意见。在玄奘赴印求法四十年之后，唐高宗时代的义净法师，也到了印度。义净也写过一部很有名的书，书名是《南海寄归内法传》。义净在书中讲："或有传云，印度译之为月。虽有斯理，未是通称。且如西国名大周为支那者，直是其名，更无别义。""支那"就是中国。这里的"大周"，就是"大唐"，因为义净写书的时候，是武则天做皇帝，把国号从"唐"改为了"周"。义净也在印度学习和生活了多年，他的说法，显然更正确。

不过，玄奘在《大唐西域记》中的其他说法则没有什么问题。玄奘继续讲：

> 印度种姓，族类群分，而婆罗门特为清贵，从其雅称，传以成俗。无云经界之别，总谓婆罗门国焉。

印度也可以称作"婆罗门国"。这个名称，义净在《南海寄归内法传》里也提到了。义净讲的话跟玄奘几乎完全一样："五天之地，皆曰婆罗门国。""婆罗门国"一名的梵语原文，是 Brāhmaṇarāṣṭra。

印度：桑奇大塔门楣

印度的古代社会，曾经有过种姓制度，所有的人，被区分为四大种姓。这四大种姓是：婆罗门、刹帝利、吠舍、首陀罗，其中最高的是婆罗门种姓。外国人到了印度，看到印度人分为各种种姓，都有很深刻的印象。婆罗门代表印度古代思想中最高的理念“梵”，把印度称作“婆罗门国”，也隐含有这样的意思。

接下来玄奘还讲了印度的地理大势：

> 若其封疆之域，可得而言。五印度之境，周九万余里，三垂大海，北背雪山，北广南狭，形如半月。画野区分，七十余国。时特暑热，地多泉湿。北乃山阜隐轸，丘陵舄卤。东则川野沃润，畴垄膏腴。南方草木荣茂，西方土地硗确。斯大概也，可略言焉。

如果用今天的印度地形图或气象分布图做对照，我们可以看到，印度所在的南亚次大陆，确实是“三垂大海，北背雪山，北广南狭，形如半月”；印度的北边，是巨大的喜马拉雅山脉，山峦延伸，丘陵起伏；东边地势平坦，农业发达；南边有山，森林茂密；西边土地干燥，有大的沙漠。玄奘的这些描述，再准确不过了。对南亚次大陆这么大的一个地区，对它的地理大势，在一千三百多年前，能有这样清楚的认识，其实很不容易。显然，这一方面是因为玄奘广博的学识，一方面也是因为他有过遍游五印度的经历。

一个看似很简单的名称，仔细地考察起来，可以说隐含了不少的故事。从这些故事中，我们不仅可以知道古代的中国人怎么称呼印度，更多的是可以看到不同文化和文明之间的交流，曾经有过怎样有趣的一些细节和过程。

桃和梨的故事：印度的中国物产

中印文化的交流，不仅包括有精神方面的内容，也有物质方面的很多东西。玄奘讲到的桃和梨的故事，是这方面的许多例证之一。

《大唐西域记》的卷四，讲古代的北印度，其中提到一个名叫“至那仆底”的国家：

> 至那仆底国，周二千余里。国大都城周十四五里。稼穑滋茂，果木稀疏。编户安业，国用丰赡。气序温暑，风俗怯弱。学综真俗，信兼邪正。伽蓝十所，天祠八所。

至那仆底国在什么地方，不是很清楚。根据《大唐西域记》和《大慈恩寺三藏法师传》中记载的玄奘的行程推断，大概应该在今天的印度旁遮普邦境内。但这里最引人注意的，不是至那仆底国的地理位置，而是“至那仆底”这个名字。“至那仆底”一名，前一部分是“至那”。“至那”是梵语 Cīna 的音译。印度人从古至今，一直称呼中国为“至那”。古代中国翻译佛经，“至那”常常又翻译为“脂那”或者“支那”。

但是，在那个时候的印度，一个国家，虽然不大，国名中怎么会出现“至那”，也就是“中国”这个词呢？这真让人觉得奇怪。接下来玄奘讲了更多的故事，说明为什么会是这样：

> 昔迦腻色迦王之御宇也，声振邻国，威被殊俗。河西蕃维，畏威送质。迦腻色迦王既得质子，赏遇隆厚，三时易馆，四兵警卫。此国则冬所居也，故曰“至那仆底（唐言汉封）”。质子所居，因为国号。

这个故事，玄奘在《大唐西域记》卷二的“迦毕试国”一节里，其实已经讲到了，那里讲的是“迦腻色迦王既得质子，特加礼命，寒暑改馆。冬居印度诸国，夏还迦毕试国，春秋止健驮逻国”。质子“冬居印度”，看来主要就住在至那仆底国。

对于“至那仆底”一名，玄奘做了解释，“唐言汉封”。“唐言”就是唐代的话，也就是中国话。也就是说，“至那仆底”一词，翻译为中国话，就是“汉封”。在玄奘这里，“至那”是“汉”，也就是中国；“仆底”是“封”，也就是“封地”。如果用梵语来还原，一个可能的词是 bhukti。“至那仆底”由此可以还原为梵语 Cīnabhukti，读音相近，意思也与“汉封”，即“汉的封地”或者说“中国封地”一致。

在印度的土地上，有这么一处地方，或者说一个国家，被称作“汉封”或者“中国封地”，出现这样的事，不能不说很有意思。

有关“质子”的情况，我在本书《质子、质子宝藏与汉天子》一文里已经做了一些介绍。质子的身份，虽然不大可能是汉族，但有汉之名。这中间，隐含着更多的故事。质子借“汉”或“汉天子”作为名义，事出有因。这里的“汉封”或者“至那仆底”的国名，与此有关，性质上也一样。

但至那仆底国与中国相关的不只是国名，还有其他的东西，也与中国相关。玄奘的书继续讲：

> 此境已往，洎诸印度，土无梨桃，质子所植，因谓桃曰“至那你（唐言汉持来）”，梨曰“至那罗阇弗呾逻（唐言汉王子）”。故此国人深敬东土，更相指语：“是我先王本国人也。”

这就是说，印度本来不出产桃和梨，是这位质子把桃和梨带到了印度，当地人因此把桃称作“至那你”，意思“汉持来”；把梨称作“至那罗阇弗呾逻”，意思是“汉王子”。因为当地流传有这样的故事，至那仆地国的人对中国特别的敬重。玄奘到来，人们指着玄奘说：“这是从我们以前的国王的国家来的人啊。”

“至那你”一名，还原成梵语，是 cīnanī。这个词由两部分组成：前一部分 cīna 是中国，后一部分 nī，音译“你”，意思是“持来”“拿来”，合起来的意思就是“从中国拿来的”。“至那罗阇弗呾逻”一名，还原成梵语，则是 cīnarājaputra。前一部分仍然是 cīna；后一部分中的 rāja，音译为“罗阇”，意译为“王”；最后一部分的 putra，音译“弗呾逻”，意思是“儿子”，整个词合起来的意思是“中国王子”。玄奘的翻译为“汉王子”，是一样的意思。

今天研究果树种植史的学者一般都认为，桃树和梨树的原生地，的确是在中国。不管“质子所植”的故事是不是完全可靠，但桃和梨作为果树，最早从中国传入印度，在印度栽培，这一点，应该可信。提到这件事的，历史上只有玄奘。玄奘无论如何没有必要凭空臆造出这样一个故事。

其实，在印度，类似的事不仅有这一件。印度被冠以“至那”之名的物品，也不仅是桃和梨。这方面还有其他的例子，其中最早引起人注意的，是丝绸。

养蚕和制作丝绸是古代中国人很早、也很伟大的一个发明。古代中国以外的地区和国家，也很早就知道中国出产丝绸。在古罗马，丝绸几乎被看成是中国的代名词。同样的情形也发生在印度。梵语中有一个词 cīnapaṭṭa，指的就是中国来的丝绸。印度古代有一部有名的书，名叫《政事论》(*Arthaśāstra*)，书中有一处地方讲到一段

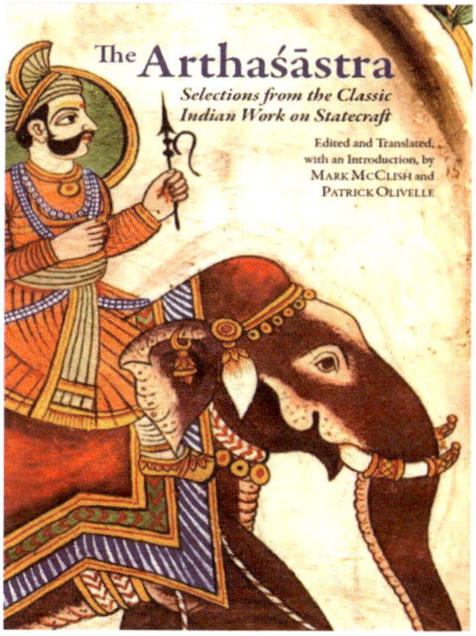

《政事论》书影

话："憍奢耶和产于至那国的成捆的丝（kauśeyaṃ cīnapaṭṭaś ca cīnabhumijāḥ）。" kauśeya 通常译为"憍奢耶"，玄奘在《大唐西域记》卷二"印度总述"一节中解释："憍奢耶者，野蚕丝也。"至于与"憍奢耶"并列的 cīnapaṭṭa，显然与"憍奢耶"不一样。什么地方不一样？不一样的就是后者是家蚕丝。而且，书中说得很清楚，这种家蚕丝来自中国，产于中国（cīnabhumijā）。

《政事论》成书的年代，有一些争议，但不管怎样，年代很早，却是所有人都同意的。主流的看法，认为是成书于公元前 4 世纪。如果这样，那就相当于中国的春秋战国时代。这说明，古代中国的丝绸传到印度，很可能比传到古罗马还要早。"成捆的丝"这个词语还可以表明，这种丝绸，到达印度，是通过贸易而来。

梵语中因此还有一个词，cīnasicaya，指的是绸衣。

再有一个例子是钢，梵语中钢有多名，其中一个是 cīnajā，不仅是钢，而且往往指好钢。cīnajā 最基本的意思是"中国产的"，它可以指多种物品，其中包括钢。古代印度为什么会把钢称作 cīnajā 呢？难道曾经输入过中国生产的钢，或者中国古代炼钢的技术曾经传到过印度吗？从这个名字看，不是没有这样的可能，至少有第一种可能。

除了桃和梨，梵语词汇中还有一个词 cīnakaṭikā，据说是一种葫芦瓜，直接的翻译是“中国瓜”。瓜的名字与中国相关，很可能最早也是从中国传入到印度，所以会有这样的名字。再有樟脑和樟树，梵语中称作 cīnakarpūra，可能也与中国有关。这些名字，就像汉语中的胡萝卜、番茄、番石榴等一样，从名字上就可以知道最早不是中国本土所有的物产。

再有一种物品是铅丹，梵语词是 cīnapiṣṭa，有时是 cīnavaṅga。铅丹是一种矿物，又称红铅，中国古代很早就以此入药，尤其是外科，很常用。这样的物品，名字怎么会跟中国联系在一起，它是怎样引进印度的，情况不清楚。有的学者认为，这可能与道教的炼丹有关。但道教是不是真的在印度有过影响，是一个有争议的问题。相关的证据很少，但铅丹的梵语名字中包含了 Cīna 一词却是事实。

所有这些梵语名词，打头的一部分都是 Cīna，也就是说，或多或少都与中国有些关系。

以上这些，是梵语中的词汇。梵语是印度的古语言，今天的印度人，使用的语言不是梵语，而是各种地区性的方言，方言中仍然保留了很多梵语词汇。印度现今使用人口最多的方言是印地语，也有孟加拉语。在印地语和孟加拉语中，也有与中国相关的词汇。最突出的例子，是 Cīnī。就词源而言，Cīnī 就等同于梵语的 Cīna，两个词，词尾稍有不同，意思一样，都是指中国。但印地语和孟加拉语的 Cīnī，还有一个常用的意思，指白糖。指中国不奇怪，但要是说指白糖，就让人奇怪了。白糖或者说白砂糖，最早的生产地就是印度。种植甘蔗，用甘蔗熬制砂糖，这项技术，是印度古代的发明。世界上其他国家制糖的技术，如果追本溯源，其实都是从印度而来。这一点，从世界上各种语言中糖的名称就可以知道。梵语中糖称作 śarkarā。从 śarkarā 这个词，有了英语的 sugar，法语的 sucre，德语的 zucker，西班牙语的 azúcar，意大利语的 zucchero，俄语的 caxap。中国古代，也知道 śarkarā，汉语翻译为"煞割令"。

中国在唐代以前，虽然有从甘蔗制糖的事例，但那样制成的糖，是通过曝晒，而不是熬制。中国方面知道熬制砂糖，是在唐代初年。《新唐书·西域传》"摩揭陀国"一节讲：

> 贞观二十一年，始遣使者自通于天子，献波罗树，树类白杨。太宗遣使取熬糖法，即诏扬州上诸

> 蔗，拃沈如其剂，色味愈西域远甚。

这就是说，唐太宗派人到印度的摩揭陀国，专门学习熬制砂糖的技术。派去的人回到中国，用扬州出产的甘蔗，熬制出来的糖，品质比印度的还要好。中国从此有了砂糖。

这件事显然与玄奘有关。与玄奘同时代的僧人道宣在他撰写的《续高僧传》卷四的《玄奘传》中讲，“奘在印度，声畅五天，称述支那人物为盛。戒日大王并菩提寺僧，思闻此国，为日久矣，但无信使，未可依凭”。戒日大王是玄奘访印时印度最有势力的国王，也曾自称为“摩揭陀王”。玄奘见到戒日王后，“戒日及僧各遣中使赍诸经宝，远献东夏。是则天竺信命，自奘而通”。戒日王的使节到达长安，最早一次，实际不是在贞观二十一年，而是在贞观十五年（641），这在《新唐书》《旧唐书》以及《册府元龟》中其他多处地方都有明确的记载。使节回国，唐太宗也随之派人出使印度，然后戒日王再次派出使节到中国，其后中印之间外交使节相互往来，不绝于路。于是也就有了道宣接下来讲的情况：

> 使既西返，又敕王玄策等二十余人，随往大

夏，并赠绫帛千有余段，王及僧等数各有差。并就菩提寺僧召石蜜匠，乃遣匠二人、僧八人，俱到东夏。寻敕往越州，就甘蔗造之，皆得成就。

菩提寺建在释迦牟尼成道之处，这里自古以来就是佛教的圣地，正是在古代印度摩揭陀国的境内。王玄策是唐初出使印度最有名的一位使节，从太宗到高宗时代，先后数次到过印度。道宣讲的，与《新唐书》讲的，大致是一回事，不过道宣讲得更详细一些。事情发生在贞观二十一年（647），也就是玄奘回到中国后的第三年。依照这一段记载，印度方面还派了专门熬糖的工匠到中国来，工匠和僧人到了越州（唐代在今浙江绍兴及周边一带），用越州的甘蔗，也熬制出了很好的砂糖。

所有这些记载都说明，中国熬糖的技术最早来自印度，这一点不需要怀疑。但是，在最早出现熬糖技术的印度，怎么反而会把糖称作 Cīnī，把糖与中国联系在一起呢？这又是一个既有趣、但并不容易回答的问题。这个问题，很早就

摩揭陀国菩提寺

引起了北京大学季羡林先生的注意。季先生经过长时间的研究，得出一个结论：“印度的白砂糖，至少是在某一个地区和某一个时代，是从中国输入的，产品和炼制术可能都包括在内。”因此，在中世纪以后的印度，人们就用 Cīnī 这个词来称呼白砂糖（参考《Cīnī 问题——中印文化交流的一个例证》《再谈 Cīnī 问题》,《季羡林文集》第十卷，江西教育出版社，1998）。不仅如此，从讨论 Cīnī 这个词出发，季羡林先生前后花了二十多年的功夫，从古今中外大量的文献中搜寻了无数的资料，爬罗剔抉，考证分析，最后撰写成一部书，书名就称作《糖史》，其后再版，为了表达更准确，改称为《蔗糖史》。季先生的研究，从考察甘蔗的种植开始，详细地讨论了熬制砂糖的技术怎么从印度开始，又怎么传到印度以外的国家，其中包括中国，技术流传一千多年，这个过程中制糖的技术在中国和埃及怎样进一步得到提高。书中内容，涉及与糖相关的许多问题，也涉及世界上很多地区和国家。印度的白砂糖为什么会叫作 Cīnī，是问题的起点，但最后只是季先生研究成果的一部分。全书约八十万字，几乎可以说是一部完整的关于糖的文化交流史，也可以说包括半部制糖的技术史。这中间的细节很多，如果要做全面的了解，可以读季先生的书。

一些似乎很平常的物产，一些不大的物品，名字都与中国相关，这其间反映出的是历史上中印文化交流的某一些看似细微、实则重要的情节。它们说明，中印文化的交流，不仅包括有精神方面的内容，也有物质方面的很多东西。玄奘《大唐西域记》中讲到的桃和梨的故事，只是这方面的许多例证之一。

那烂陀与最早的中国留学生

那烂陀是印度古代最大的佛教寺庙，也是中国最早的留学生长期留学的地方。当年的一批留学生中，成就最大的，是唐代的玄奘和义净。

玄奘到印度求法，早已是一个人们熟知的故事。玄奘求法，求的是佛法。所谓佛法，指的是佛教的教法，也就是佛教的理论。这一点，大多数人也都知道。但是，玄奘到了印度，学习佛法，究竟是在什么地方，知道的人就没有那样多了。在印度佛教的历史上，这个地方其实很有名，名叫那烂陀。

那烂陀在当时印度的摩揭陀国。《大唐西域记》卷九讲到摩揭陀国的王舍城，其中一段讲那烂陀：

> 从此北行三十余里，至那烂陀（唐言施无厌）僧伽蓝。闻之者旧曰：此伽蓝南庵没罗林中有池，

其龙名那烂陀，傍建伽蓝，因取为称。

古代摩揭陀国的地域，大致相当于今天印度的比哈尔邦。王舍城曾经是摩揭陀国的首都，现在则是比哈尔邦的一处小镇，名字是拉基吉尔（Rajgir）。“僧伽蓝”的意思是寺庙，“那烂陀僧伽蓝”就是那烂陀寺。那烂陀寺的位置，正是在拉基吉尔西北，距离后者大约十公里。

“庵没罗”就是芒果，梵文原文是 amra。印度出产芒果，随处可见庵没罗林或者说芒果林。

那烂陀是梵文 Nālandā 的音译，玄奘说，那烂陀的名字，来自芒果林中的一处水池，水池中有龙，龙的名字叫那烂陀。不过这只是一种说法，玄奘同时还讲了另一种说法：

从其实议，是如来在昔修菩萨行，为大国王，建都此地，悲愍众生，好乐周给。时美其德，号“施无厌”，由是伽蓝因以为称。

这显然是佛教方面的传说。如来过去世时，修菩萨行，是一位国王。菩萨行有很多内容，其中重要的一条是布施。

那烂陀遗址：佛塔

国王在此建都，慷慨大度，布施不已，从不厌烦，大家都称赞他，于是这个地方就被人称作“施无厌”。

这样的解释，其实是把 Nālandā 这个梵文词理解为由三个部分构成，三个部分是 na（没有，不）、alaṃ（够了，到头了）和 dā（施舍），合起来意思可以翻译为“施舍没有到头，施舍不已”，所以“唐言”译作“施无厌”。这样的解释，与佛教的信仰联系在一起，虽然说得过去，但稍微有些牵强，很可能是后出的。

唐代的另一位高僧义净，到印度求法，比玄奘晚大约四十年，义净从印度求法回来，写了几部书，其中一部是《大唐西域求法高僧传》，书中附有一张“那烂陀寺图”。义净书中记载的，只有第一种说法：

> 此是室利那烂陀莫诃毗诃罗样，唐译云吉祥神龙大住处也。西国凡唤君王及大官属并大寺舍，皆先云室利，意取吉祥尊贵之义。那烂陀乃是龙名，近此有龙，名那伽烂陀，故以为号。毗诃罗是住处义，比云寺者，不是正翻。

“室利那烂陀莫诃毗诃罗”是那烂陀寺的梵文名字的完整翻译，原文是Śrīnālandāmahāvihāra。śrī 音译“室利”，意译“吉祥”。mahā 音译“莫诃”，意译“大”。vihāra 意译“毗诃罗”，意思是“住处”，也可以翻译为“寺”，只是后者在义净看来，不算是“正翻”。近代在那烂陀遗址上做考古发掘，发现了当年那烂陀寺的印章，上面镌刻的，正是“室利那烂陀莫诃毗诃罗”这几个梵文字，证实义净的记载很准确。

那烂陀寺建立的时间，虽然在佛教方面说得很早，可以追溯到释迦牟尼的时代，但实际上要晚得多。真正成为规模的那烂陀寺，应该是建于 5 世纪的前期。做这样的判断，原因主要有两点：第一，那烂陀的遗址，在 19 世纪的后期被发现，考古学家在遗址上做过数次发掘，迄今没有发现早于 5 世纪的文物。第二，中国东晋时代的法显，是第一位真正到达印度本土的求法僧。法显也曾经在这一带朝圣，重要的佛教寺庙和圣址，法显都到过。

那烂陀出土：寺院的印章

法显提到了这一带的许多地名，却没有提到那烂陀。法显到达摩揭陀的时间，是在405年前后。

那烂陀寺的建设，并非在一个时期完成，前后经历了几百年。玄奘在《大唐西域记》里，提到了数位印度国王的名字，其中包括帝日王、觉护王、如来王、幼日王、金刚王以及一位中印度的国王。“于是周垣峻峙，同为一门。既历代君王继世兴建，穷诸剞劂，诚壮观也”。玄奘讲的这些国王的故事，显然来自当地的传说，细节上虽然不一定完全准确，也有待于今天的专家通过近代的考古发现做进一步的研究，但当年建造这样巨大规模的寺庙，不可能没有国王的支持，而那烂陀寺当时的盛景，的的确确是他亲眼所见。

但那烂陀壮观的，不仅仅是建筑，更主要的是佛教学术方面的影响。玄奘对此也做了一番描述：

> 僧徒数千，并俊才高学也。德重当时，声驰异域者，数百余矣。戒行清白，律仪淳粹。僧有严制，众咸贞素，印度诸国，皆仰则焉。请益谈玄，竭日不足，夙夜警诫，少长相成。其有不谈三藏幽旨者，则形影自愧矣。

这就是说，那烂陀的数千僧人，大多都很有学问，而且守持戒律，行为清净，受到印度诸国人的敬仰。僧人们无论少长，都以学问相重。如果不研究学问，就会自觉惭愧。各个地方的学人，因此都来到那烂陀，切磋学问：

> 故异域学人，欲驰声问，咸来稽疑，方流雅誉。是以窃名而游，咸得礼重。殊方异域欲入谈

那烂陀遗址：留学生们住过的僧房

> 议，门者诘难，多屈而还，学深今古，乃得入焉。于是客游后进，详论艺能，其退飞者，固十七八矣。二三博物，众中次诘，莫不挫其锐，颓其名。

这就是说，求学的人，只要到过那烂陀，就会被人看重。不过，要想进入那烂陀寺，首先就要回答看门人的提问，这一道关，好些人就过不了。只有那些学识上已经有所成就的人，才入得了门。这样的比喻，或许有点夸张，但那烂陀学术上的声誉，无疑很高。这样的情形下，那烂陀寺圣贤辈出：

> 若其高才博物，强识多能，明德哲人，联晖继轨。至如护法、护月，振芳尘于遗教；德慧、坚慧，流雅誉于当时。光友之清论，胜友之高谈，智月则风鉴明敏，戒贤乃至德幽邃。若此上人，众所知识，德隆先达，学贯旧章，述作论释，各十数部，并盛流通，见珍当世。

玄奘在这里提到的护法、护月、德慧、坚慧、光友、胜友、智月以及戒贤等人，都是印度佛教历史上的大师。其中的戒贤，正是玄奘在那烂陀寺的老师。

对于那烂陀寺，玄奘的弟子慧立和彦悰撰写的记载玄奘生平事迹的《大慈恩寺三藏法师传》有更多的描述：

> 如是六帝相承，各加营造，又以砖垒其外，合为一寺，都建一门。庭序别开，中分八院。宝台星列，琼楼岳峙，观竦烟中，殿飞霞上。生风云于户牖，交日月于轩檐。加以渌水逶迤，青莲菡萏，羯尼花树，晖焕其间，庵没罗林，森疏其外。诸院僧室，皆四重重阁，虬栋虹梁，绣栌朱柱，雕楹镂槛，玉础文棍，甍接瑶晖，榱连绳彩。印度伽蓝数乃千万，壮丽崇高，此为其极。

“六帝”就是指前面提到的六位国王。那烂陀寺建筑的规模和辉煌，在当时的印度，显然称得上是第一。不仅建筑的规模大，到这里学习的僧人也很多：

> 僧徒主客常有万人，并学大乘兼十八部，爰至俗典《吠陀》等书，因明、声明、医方、术数亦

俱研习。凡解经、论二十部者一千余人，三十部者五百余人，五十部者并法师十人。

这里讲，常住僧和客僧加在一起有万人之多，义净的《大唐西域求法高僧传》讲有三千五百人。不管哪一个数字更准确，总之人数不少。

《吠陀》是印度最古老的经典。这就是说，那烂陀寺僧人学习的，不仅是佛学，也包括佛学以外的其他的学问："因明""声明""医方"以及"术数"。"因明"指的是印度古代的逻辑学。"声明"则是印度传统的语言学。"医方"的全称是"医方明"，也就是医学。"术数"又称"工巧明"，是对工艺、数学、天文、星象、音乐、美术等的总称。四类学问，加上"内明"，合称为"五明"。"内明"指的是宗教哲学的知识。在古印度，"五明"构成一个完整的知识体系。这样的一种对知识分类的方法，后来被中国古代的藏族所接受。

僧人之间，学问的程度也各有不同。在整个那烂陀寺，通解二十部经论的有一千多人，三十部的有五百多人，但通解五十部的包括玄奘在内只有十人。僧人中最有学问的还是戒贤法师：

唯戒贤法师一切穷览，德秀年耆，为众宗匠。寺内讲座日百余所，学徒修习，无弃寸阴。德众所居，自然严肃。

戒贤法师德高望重。他虽然年事已高，但在他的统领下，那烂陀每天举办的讲座有一百多场。所有的僧人都认真学习，生怕浪费了时间。这样的情形下，整个那烂陀学风端正，认真严肃。

那烂陀寺如此大的规模，僧人如此众多，日常的开支不少，经济上因此也需要有足够的来源作为支撑：

国王钦重，舍百余邑充其供养，邑二百户，日进粳米、酥乳数百石。由是学人端拱无求而四事自足，艺业成就，斯其力焉。

这就是说，国王们划给那烂陀寺一百多个村庄，每个村庄二百户人家。村庄为那烂陀寺提供生活的资源，由此僧人们才能专心修行和治学。“艺业成就，斯其力焉”这句话，说得很实在。

玄奘当年到印度求法，最主要的目的，是想学习一部称作《瑜伽师地论》的大乘佛典。那烂陀的戒贤法师，是当时印度最为精通这部经典的一位佛学大师。戒贤法师为玄奘讲《瑜伽师地论》，玄奘先后听了三遍，由此对《瑜伽师地论》有了很深的理解。玄奘回国后，翻译了《瑜伽师地论》。玄奘与他的弟子窥基，因此在中国创建了佛教的一个新的宗派，称作“法相宗”，又称“唯识宗”。

作为当时印度乃至整个亚洲的佛教学术中心，来到那烂陀学习的当然不仅是玄奘。在玄奘之后，不少中国僧人以玄奘作为榜样，也先后来到那烂陀。义净的《大唐西域求法高僧传》，记载唐代初年五十多位僧人到印度求法的事迹。这些僧人，很多到过那烂陀，也都在那烂陀学习过。其中时间最长的，就是义净。义净在那烂陀学习的时间，前后有十一年之久。这甚至比玄奘在那烂陀学习的时间还长。

义净在他的书中提到了这些僧人的名字：玄照、道希、阿离耶跋摩、慧业、佛陀达摩、道生、大乘灯、道琳、灵运、智弘、无行。他们多数来自中国本土，也有的来自当时的新罗，也就是今天的韩国，还有的来自今天的越南，个别来自当时的中亚地区。这些地区，当时都在“大唐”的范围之内。

这些僧人到达那烂陀的时间，有的比义净稍早，有的留学一段时间后离开了那烂陀，回到中国，个别的就在那烂陀去世。有的在释迦牟尼成道的地方菩提伽耶的大觉寺建造唐碑，还从中国带来了中文佛经，这些佛经最后都留在了那烂陀。有的在那烂陀抄写梵文佛经。有的描绘佛像，妙等画工。义净本人，则一边学习，一边开始了翻译佛经的工作。他们都可以说是中国最早的留学生，那[redacted]求法的最终目的地。

在这些留学生或者说留学僧中，成就最大的，当然首推玄奘，其次是义净。玄奘在那烂陀，很快就显示出了他出色的才能。他学有所成之后，戒贤法师让他主讲，其他的僧人，则成为他的听众。一位名叫师子光的印度僧人，在佛学理论上与玄奘的看法不一样，玄奘与他进行辩论，数次往复，最后师子光“不能酬答”，原来追随师子光的“学徒渐散”，而转为跟随玄奘。由此玄奘还用梵文撰写了论文《会宗论》。论文发表，“戒贤及大众无不称善”。这种自由讨论和辩论的做法，让那烂陀寺就像是今天的一所大学。

玄奘和义净回到中国后，翻译了大量的佛经，二人都成为中国历史上最著名的翻译家。

那烂陀的辉煌，一直持续到11、12世纪。12世纪，穆斯林军队到达了比哈尔，兵锋所到之处，所有非伊斯兰教的寺院都被劫掠和摧毁。那烂陀的僧人被杀，建筑被焚烧。13世纪初，在突厥穆斯林军队的最后的一次打击中，那烂陀终于被彻底毁掉。人们重新见到那烂陀，是在20世纪印度考古局组织的两次大规模考古发掘之后。已经发掘的考古遗[illegible]二公顷，[illegible]烂陀则是他们到印度[illegible]部分。遗[illegible]排列有序，正如玄奘和义净的描述，可以让人想象当年壮观的景象。

为了继承那烂陀的教育和国际化传统，从2007年开始，印度政府计划在距离那烂陀遗址不远的王舍城附近，建设一所新的那烂陀大学。政府的提案2010年在印度议会上下两院获得通过并经总统批准生效。目前大学正在建设之中。新的教员和学生陆续到校，学校于2014年9月正式开学。这个计划也得到了中国的支持。2010年12月，中国总理温家宝在访问印度期间，代表中国政府向新建的那烂陀大学捐赠100万美元，以表达中国的支持。我们衷心希望，在当年玄奘、义净和其他中国僧人曾经留学过的地方，这所新的那烂陀大学建设成功。

文化篇

“人主之地”与“象主之国”：古代亚洲人文地理的一种构想

世界不同的地区，自然环境和人文都有不同的特点。玄奘讲的，只是一种构想，但反映了当时的人对不同族群、不同文化的认识，也反映了玄奘自己的价值取向。

《大唐西域记》卷一，起首的一段文字，相当于全书的“序论”。这段文字，从中国的伏羲和轩辕讲起，说到伏羲和轩辕开创人文，再说到尧“受天运”，舜“纳地图”，自此之后，虽有书册记事，史官记言，但毕竟不如过去，已经不是“有道”与“无为”的时代。

接下来，玄奘话锋一转，就讲到“大唐”。玄奘说：“大唐御极则天，乘时握纪。一六合而光宅，四三皇而照临。”意思是大唐的皇帝如今统一了天下，功绩超过了轩辕，也超过了尧和舜。而玄奘自己，就是在这个时候，从中国出发，到了印度，一路经过的地方，“咸承正朔，俱沾声教。赞武功之绩，讽成口实；美文德之盛，郁为称首”，都在大唐的影响之下。总之，这一番话，歌颂的都是大唐。

不过，这些地方详细的情况，“详观载籍，所未尝闻”，“不有所叙，何记化洽”？也就是说，虽然过去没有人知道，但现在怎么能没有记载？所以玄奘“今据闻见，于是载述”，把他的所闻所见都写在了这部《大唐西域记》里。

玄奘是绝顶聪明的人，他在《大唐西域记》的开篇，说这一番话，起承转合，首先是“政治正确”，才可以讲中国以外的、更大的一个世界的事情。而这些事情，当时一般的中国人，包括皇帝，确实都不是很清楚。

接下来玄奘从佛教的信仰出发，依据当时印度的宇宙观，首先对世界做了一个整体的描述，其中最主要的，是说世界由“四大部洲”，也就是“东毗提诃洲”“南赡部洲”“西瞿陀尼洲”以及“北拘卢洲”构成，这其中的“南赡部洲”，就是我们人类居住的地方。

依照我们今天的知识，世界当然不是这样，但玄奘讲到的说法，不仅被古代的印度人接受，一度也被信仰佛教的中国人所接受。中国古代最有名的神话小说《西游记》，故事

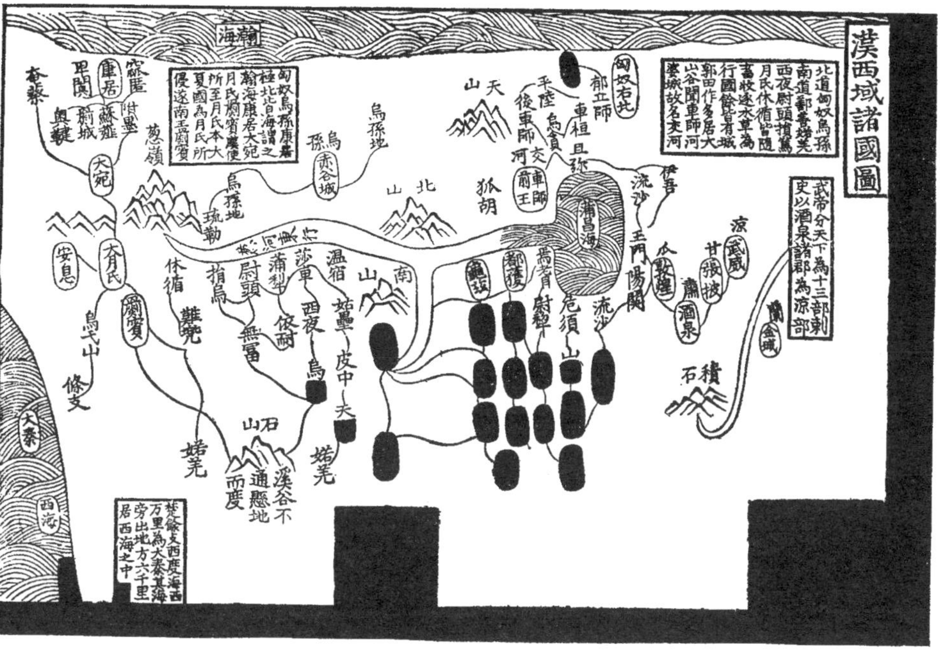

《佛祖统纪》：汉西域诸国图

一开始，讲孙悟空的诞生，诞生之地在“东胜神州”，“东胜神州”就是“东毗提诃洲”。故事中的三藏法师唐玄奘的诞生地，则在“南赡部洲”。

玄奘继续讲，统治“四大部洲”的，有所谓的“轮王”，也就是印度古代传说中的“转轮圣王”。不过，到了玄奘的时代，早已经没有了“转轮圣王”，只有“南赡部洲”的

“四主”：

> 时无轮王应运，赡部洲地有四主焉。南象主，则暑湿宜象；西宝主，乃临海盈宝；北马主，寒劲宜马；东人主，和畅多人。

“主”是国主，也就是国王。这也就是说，如果把“南赡部洲”看作一个整体，东南西北四个方向，南边有“象主”，西边有“宝主”，北边有“马主”，东边则有“人主”。四个方向的四个国家，也分别有不同的特点：南边暑热潮湿，适宜大象生活；西边靠近大海，宝物充盈；北边寒风劲烈，适宜养马；东边则气候和畅，因此人口众多。

但这只是就自然环境而言，重要的还有人文。首先是南边的“象主之国”：

> 故象主之国躁烈笃学，特闲异术。服则横巾右袒，首则中髻四垂。族类邑居，室宇重阁。

在“象主”的国家，人民性格虽然急躁，但喜好学习，尤其通解“异术”。他们的衣着是横披布巾，袒露右臂，头顶的中央扎一个发髻，其余的头发四面垂下。他们聚族而居，房屋建有重叠的楼阁。

其次是“宝主之乡”：

> 宝主之乡无礼义，重财贿。短制左衽，断发长髭。有城郭之居，务殖货之利。

这就是说，“宝主”的国家缺乏礼义，却看重财富。这里的人穿的是短衣，衣襟向左，剪发而留着长长的胡须。他们住在城里，贩卖货物，从中获利。

其次是“马主”的国家：

> 马主之俗，天资犷暴，情忍杀戮。毳帐穹庐，鸟居逐牧。

“马主”之国的风俗犷悍粗暴，残忍而好杀戮。这里的人住在帐篷里，四处游牧，就像鸟一样不停地迁徙。

最后则是“人主之地”：

人主之地，风俗机惠，仁义昭明。冠带右衽，车服有序。安土重迁，务资有类。

“人主之地”则是另外一番气象：风俗灵巧聪明，仁义明白昭著。人们装饰冠带，衣襟向右，车辆服饰都有等级秩序。人们安居于本土，不轻易迁徙，致力于财货的，有专门的一类人。与前面的话比较起来，玄奘显然是最称赞“人主之地”。

除了这些，四处地方还有一个重要的差别：

三主之俗，东方为上。其居室则东辟其户，旦日则东向以拜。人主之地，南面为尊。

象主、宝主和马主之地都以东方为上，居室的门向东开，早上向东而拜。只有人主之地把南面看做是最尊贵的方向。涉及政治文化，则更有另外一种面貌：

方俗殊风，斯其大概。至于君臣上下之礼，宪章文轨之仪，人主之地无以加也。清心释累之训，出离生死之教，象主之国其理优矣。

这里的意思是，要讲君臣上下的礼节、典章制度的仪式，没有一个地方比得上“人主之地”。不过，如果讲到让内心清净、脱离烦恼、超出生死轮回的教义，则是“象主之国”的理论最为高明。

四位国主，分别统治“南赡部洲”的东西南北四处地方。难道这是事实吗？当然不是。它只是一个说法，也可以说是一种想象，但这与其说是一种想象，还不如说是古代印度人对今天亚洲地区人文地理的一种构想。它不是事实，但也不完全是无中生有。四处地方，也不是没有更具体的指向。

唐代与玄奘同一时期的僧人道宣，撰写过一部著名的书，名叫《续高僧传》，书的卷四，是《玄奘传》。其中讲到，玄奘在印度学成之后，“声畅五天”，玄奘“称述支那人物为盛”。印度的戒日王和大菩提寺的僧人们，很久以来就希望了解中国，可是中印之间因为没有使节往来，无法得到可靠的消息。写到这里，道宣提到了“四王”也就是“四主”的传说：

> 彼土常传，赡部一洲，四王所治：东谓脂那，主人王也。西谓波斯，主宝王也。南谓印度，主象王也。北谓猃狁，主马王也。皆谓四国藉斯以治，即因为言。奘既安达，恰述符同。

“脂那”即“支那”，是古代印度人对中国的称呼。这就是说，东边的“人主之国”，指的是中国；西边的“宝主之国”，指波斯；南边的“象主之国”，指印度；北边的“马主之国”，则指“猃狁”。所谓猃狁，是先秦时代中国北方的一个民族，他们不属于华夏族，常与华夏族为敌。到了后来，“猃狁”一名，也常用来泛指中国北方的异族。

道宣也是一位高僧，以学识广博著称。他认识玄奘，比玄奘稍微年长一些，还曾经协助过玄奘译经。以当时人们对“世界大势”的了解来看，道宣的解释当然也不是没有根据。接下来道宣还讲到印度的戒日王派遣了使节，“赍诸经宝，远献东夏”。因为玄奘的到来，印度方面证实了中国的确是“人主之地”，印度跟中国从此有了新的外交往来。

道宣还写了另外一部书，书名《释迦方志》。在《释迦方志》里，道宣更把“马主”的国家具体地指为突厥。道宣这样做，大概是因为"猃狁"这个名称在唐代已经很少使用，而当时在中国的北方，最大的族群同时也经常是最大敌人的，是突厥。在道宣看来，突厥的风俗，也合乎"天资犷暴，情忍杀戮。毳帐穹庐，鸟居逐牧"这几个特点。

"四主"之说，最早应该是来自印度。现存的汉译佛经中，有一部《十二游经》，翻译者是东晋时代从西域来中国的僧人迦留陀伽（Kalodaka）。《十二游经》有一段讲到"四天子"：

> 阎浮提中有十六大国，八万四千城。有八国王，四天子。东有晋天子，人民炽盛；南有天竺国天子，土地多名象；西有大秦国天子，土地饶金银、璧玉；西北有月支天子，土地多好马。

"阎浮提"就是玄奘讲的"赡部洲"。"十六大国""八万四千城"以及"八国王"是佛经中讲印度时一个惯常的说法。值得注意的是"四天子"："晋天子"当然就是指中国东晋时代的皇帝，"大秦国"指的是古代的东罗马帝国，"月支天子"是大月支的国王。大月支又写作大月氏。

大月氏也是古代的大国，全盛时地域包括印度西北、印度北部、中亚和西亚的一部分，中心在今天的阿富汗和巴基斯坦北部。这里的“四天子”，也就是玄奘讲的“四主”与道宣讲的“四王”。

但是，印度的理论到了中国，会有所变化。既然“人主之地”指的是中国，玄奘上面的那些话，除了一般的描述外，自然而然就显示出某种价值判断。一句“宪章文轨之仪，人主之地无以加也”，把中国和中华文化推到了世界的顶端，无疑体现了玄奘的“中国情结”和“中国立场”。当然，在讲到这一点的同时，玄奘也认为，中国文化比较缺乏宗教的因素，因为“清心释累之训，出离生死之教，象主之国其理优矣”。从印度传来的佛教，是印度的“长项”。但即便如此，中国也还有很多值得骄傲的地方：“三主之俗，东方为上，其居室则东辟其户，旦日则东向以拜。”说到底，四大地区中，东方最让人崇拜。

玄奘这样说话的风格，在一千三百多年的今天，中国人对中西文化进行比较时，似乎都还能见到。

如果做一个总结，玄奘讲到的“四主”之说，可以说有这样几个特点：

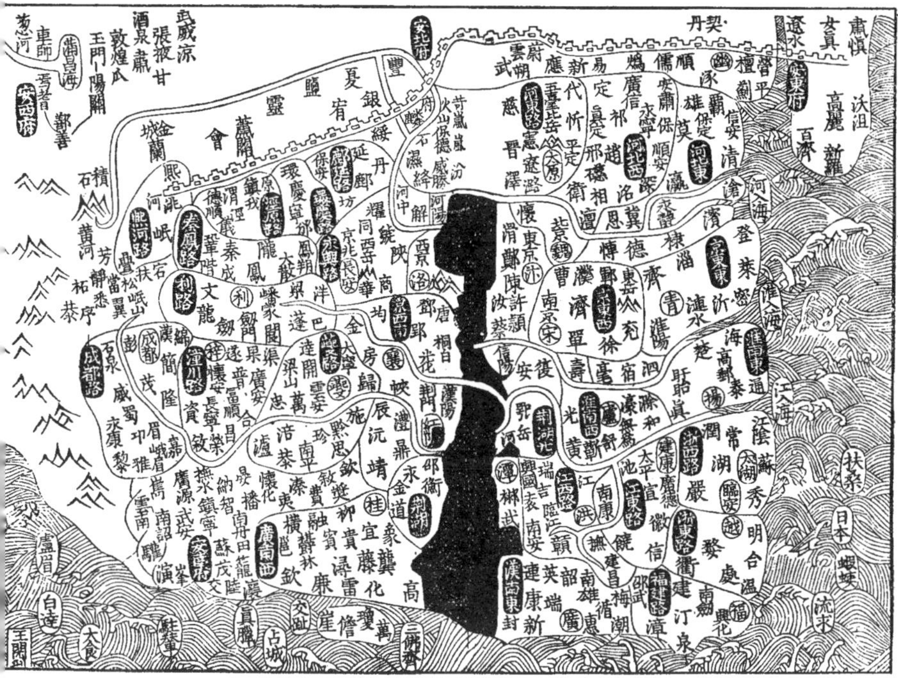

《佛祖统纪》：汉西域诸国图

第一，方位和方位感很明确。东西南北，很是规整。整个的视野不仅仅限于中国，而是放大到今天的亚洲。用今天的话说，比较具有"世界的眼光"。

第二，整个的描述比较符合四个地区自然和人文的特点，简要而精炼。

第三，强调中华文化的优越。这显然是玄奘加上去的。此前的《十二游经》，讲“四天子”和四处国土，只讲特点，没有多少价值的判断。玄奘作为中国人，有自己的价值观，所以他称赞中国，尤其称赞中国在人文方面优异的表现。

在玄奘之后，“四主”的传说，还传到了阿拉伯。阿拉伯人的文献中，也有了类似的说法，只是把西方的“宝主”说成是阿拉伯的国王。上个世纪法国的学者伯希和，写过一篇文章，题目就是《四天子说》，其中提到了这一点。

“四主”也好，“四天子”也好，原本只是一个关于古代亚洲人文地理的构想。其中要说明的，是世界不同地区自然和人文的特点，同时一定程度上也反映了当时的人们对不同族群、不同文化的认识和价值取向。这个说法，来自印度，有历史和地理的背景，很有趣，到了玄奘这里，重新做了叙述，话语中还加入他自己的理解。玄奘真是大师，无论对于中国文化还是对于印度文化，他都有透彻的了解，同时还能做出合适的表述。

历史上不同文化之间思想观念的交流与互动，有许多事例，“四主”之说可以说是其中之一。

佛影窟与《佛影铭》：从“佛影”引出的故事

这个山洞，就是佛教传说中有名的“佛影窟”。玄奘之前，东晋时代的法显，到印度求法时，也到过这里。

《大唐西域记》卷二，讲到“那揭罗曷国”。“那揭罗曷”是梵文 Nagarahāra 的音译。那揭罗曷国的旧地，在今阿富汗东部的贾拉拉巴德（Jelālābād）地区。都城的旧址，就在今天的贾拉拉巴德城附近。

玄奘讲，离那揭罗曷国的都城西南二十多里，有一处山岭，称作“小石岭”。那里有一处寺庙，“高堂重阁，积石所成”，寺庙的西南，则有一处巨大的山洞：

伽蓝西南，深涧陗绝，瀑布飞流，悬崖壁立。

> 东岸石壁有大洞穴，瞿波罗龙之所居也。门径狭小，窟穴冥暗。崖石津滴，磎径余流。昔有佛影，焕若真容，相好具足，俨然如在。近代已来，人不遍睹。纵有所见，仿佛而已。至诚祈请，有冥感者，乃暂明视，尚不能久。

“瞿波罗”是梵文 Gopala 的音译，意思是“牛的保护者”或者“牧牛人”。这个名字在印度很常见，这里则是龙王的名字。玄奘讲，这处山洞，曾经是瞿波罗龙的住处。洞中冥暗，石壁滴水，一直流到下面的小径上。石壁上往往会映现出佛的影像，光彩焕然，如同佛的真容。但到了近代，不是所有的人都能看到佛影，即便是看到，也只是影影绰绰而已。只有至诚祈请，有感应的人，才能看到清楚的佛的影像，而且看到的时间也不长。

这个山洞，就是佛教传说中有名的“佛影窟”。玄奘之前，东晋时代的法显，到印度求法时，也到过这里。法显把那揭罗曷国称作“那竭城”。《法显传》讲：

> 那竭城南半由延，有石室，博山西南向，佛留

影此中。去十余步观之，如佛真形。金色相好，光明炳著。转近转微，仿佛如有。诸方国王遣工画师摹写，莫能及。彼国人传云，千佛尽，当于此留影。

北魏时代的敦煌人宋云和僧人惠生，奉胡太后之命，在神龟元年（518）到印度访求佛经，也到过这个地方。《洛阳伽蓝记》卷五因此也提到这处佛影窟：

那竭城中有佛牙、佛发，并作宝函盛之，朝夕供养。至瞿波罗窟，见佛影。

那揭罗曷国的佛影窟如此有名，是一处重要的佛教圣迹，玄奘当然一定要去礼拜。《大慈恩寺三藏法师传》卷二很详细地讲述了玄奘礼拜佛影窟的经过：

又闻灯光城西南二十余里，有瞿波罗龙王所住之窟，如来昔日降伏此龙，因留影在中。法师欲往礼拜，承其道路荒阻，又多盗贼，二三年已来人往多不得见，以故去者稀疏。法师欲往礼拜，时迦毕试国所送使人贪其速还，不愿淹留，劝不令去。法师报曰："如来真身之影，亿劫难逢，宁有至此不往礼拜？汝等且渐进，奘暂到即来。"

"灯光城"是那揭罗曷国都城的另一个名字。从那揭罗曷国都城到佛影窟，道路并不通顺，少有人去。玄奘从迦毕试国过来，迦毕试国国王派了人护送玄奘，护送的人也不愿意去佛影窟。但玄奘的决心没有动摇，决定独自前往：

于是独去。至灯光城，入一伽蓝，问访途路，觅人相引，无一肯者。后见一小儿，云："寺庄近彼，今送师到庄。"即与同去，到庄宿。得一老人，知其处所，相引而发。行数里，有五贼人拔刀而至，法师即去帽，现其法服。贼云："师欲何去？"答："欲礼拜佛影。"贼云："师不闻此有贼耶？"答云："贼者，人也，今为礼佛，虽猛兽盈衢，奘犹不惧，况檀越之辈是人乎！"贼遂发心，随往礼拜。

玄奘先到达一处村庄，住了一宿，在村里找到一位老人做向导。第二天，两人前行，不意遇到贼人。不过，贼人受到玄奘的感化，不仅没有伤害玄奘，还随玄奘一同前往佛影窟。然而，当他们到了佛影窟后，却并没有见到佛影：

> 既至窟所，窟在石涧东壁，门向西开，窥之窈冥，一无所睹。老人云：“师直入，触东壁讫，却行五十步许，正东而观，影在其处。”法师入，信足而前，可五十步，果触东壁讫，依言却立，至诚而礼，百余拜，一无所见。

这时的玄奘，十分伤心，他觉得他只能自责。玄奘一边诵念佛经，一边不停地礼拜，发誓不见到佛影，就不离开：

> 自责障累，悲号懊恼，更至心礼诵《胜鬘》等诸经、赞佛偈颂，随赞随礼，复百余拜，见东壁现如钵许大光，倏而还灭。悲喜更礼，复有槃许大光现，现已还灭。益增感慕，自誓若不见世尊影，终不移此地。

于是洞窟里的景象渐渐有了变化。玄奘礼拜了二百多次后，“佛影”终于出现：

如是更二百余拜，遂一窟大明，见如来影皎然在壁，如开云雾，忽睹金山，妙相熙融，神姿晃昱，瞻仰庆跃，不知所譬。佛身及袈裟并赤黄色，自膝已上相好极明，华座已下，稍似微昧，左右及背后菩萨、圣僧等影亦皆具有。

或许是这时光线照进洞窟，窟中有了光亮，石壁上映射出了佛的影像。不管怎样说，到了这个时候，玄奘终于见到了佛影，而且佛影很清楚。玄奘激动不已：

见已，遥命门外六人将火入烧香。比火至，欻然佛影还隐。急令绝火，更请方乃重现。六人中五人得见，一人竟无所睹。如是可半食顷，了了明见，得申礼赞。供散华香讫，光灭尔，乃辞出。所送婆罗门欢喜，叹未曾有，云：“非师至诚、愿力之厚，无致此也。”窟门外更有众多圣迹。相与归

阿富汗东南部一处
新发现的佛教遗址

还，彼五贼皆毁刀杖，受戒而别。

跟随玄奘一起前往佛影窟的六个人——一位是为玄奘带路的老人，还有五个路上所遇的贼人——也并不都见到了佛影，贼人中有一人，终究还是没见到。佛影出现，前后不过半顿饭的工夫。大家赶紧香花供养。供养完毕，光线渐渐消失，所有人退出洞窟。那位老人，是一位婆罗门，见到了从来没见到的佛影，尤其欢喜。五个贼人，也因此受到感动，放弃了刀杖。

整个故事显得有点神奇，但与宗教相关的故事，大多都是这样。《大慈恩寺三藏法师传》的讲述，在一些细节方面或许有所增饰，但很难说完全就是编造。对于故事的基本情节，我们可以相信。

玄奘的《大唐西域记》，把“那揭罗曷国”划属于北印度。在玄奘到来之前，佛影窟和“佛影”的传说，已经在中国流传了很久。不仅早期的求法僧，例如法显，把佛影窟的消息带回到中国，汉地流传的一些佛经，例如《观佛三昧海经》，经文中也提到了“佛影”的故事。

东晋时代，佛教在中国获得了突破性的发展。对于这个时期佛教的发展，历史上做出最大贡献的有两位僧人，一位是北方的道安，一位是南方的慧远。慧远是道安的学生，隐居庐山，在庐山建立东林寺，东林寺因此成为南方佛教的中心之一。慧远把当时一位有名的印度僧人佛陀跋陀罗从长安迎请到庐山，讲学并译经。提到佛影和佛影窟的《观佛三昧海经》，就是由佛陀跋陀罗翻译出来的。

慧远真正了解“佛影窟”，大概就是在这个时候。义熙八年（412）五月一日，慧远让人在庐山筑起一座石台，台上镌刻“佛影”。第二年的九月三日，他又撰写了一篇《佛影铭》，并镌刻在石台之上。

慧远留下的著作不少，《佛影铭》是其中的一篇。在《佛影铭》里，慧远先讲“佛影今在西那伽诃罗国南山古仙石室中。度流沙，从径道，去此一万五千八百五十里”，然后从佛影讲起：

如来或晦先迹以崇基，或显生涂而定体，或独发于莫寻之境，或相待于既有之场。独发类乎形，相待类乎影。推夫冥寄，为有待耶？为无待耶？自我而观，则有间于无间矣。求之法身，原无二统。

形影之分，孰际之哉！而今之闻道者，咸摹圣体于旷代之外，不悟灵应之在兹。徒知圆化之非形，而动止方其迹。岂不诬哉！

慧远通过“佛影”这个话题，表达了他对佛教，对人生，对道与物、形与影、形与神的理解和看法，最后发出一番感叹：

廓矣大象，理玄无名。体神入化，落影离形。回晖层岩，凝映虚亭。在阴不昧，处暗逾明。婉步蝉蜕，朝宗百灵。应不同方，迹绝而冥。（其一）

铭之图之，曷营曷求。神之听之，鉴尔所修。庶兹尘轨，映彼玄流。漱情灵沼，饮和至柔。照虚应简，智落乃周。深怀冥托，宵想神游。毕命一对，长谢百忧。（其五）

“体神入化，落影离形”，“神之听之，鉴尔所修”几句话，更是突出了慧远对“形”“影”“神”问题的思考。

在写作《佛影铭》之前，东晋元兴三年（404），慧远还写过一篇很有名的文章，题目是《形尽神不灭论》。两篇文章，主题都涉及形与神、形与影等问题，在东晋时代的文化和宗教氛围下，有很大的影响。当时追随慧远的，有许多文人学士，其中包括有名的谢灵运。慧远让弟子道秉到建康，让谢灵运也写了一篇《佛影铭》，后来大概也刻于庐山的佛影石上。谢灵运的《佛影铭》，除了“具说佛影，偏为灵奇。幽岩嵁壁，若有存形。容仪端庄，相好具足。莫知始终，常自湛然”这些词句外，也说到“因声成韵，即色开颜。望影知易，寻响非难。形声之外，复有可观”这一类的话。

不过，对于这个一时讨论十分热烈的形而上的问题，却有人有迥然不同的看法，并且发出了不同的声音。这个人就是当时还不是太有名的陶渊明。陶渊明是诗人，他用诗歌表达了他的思想，那就是他著名的《形影神》诗。陶渊明的诗前，也有一段短序：

> 贵贱贤愚，莫不营营以惜生，斯甚惑焉；故极陈形影之苦，言神辨自然以释之。好事君子，共取其心焉。

这段短序，说明诗的主题。陶渊明说的“斯甚惑焉”，所谓“贵贱贤愚”，不全是指，但一定包括当时希望通过学佛去除烦恼和疑惑，获得觉悟的佛教徒，也就是慧远以及慧远众多的追随者。

陶渊明的诗有三首。第一首是《形赠影》，意思是“形”对“影”的赠言。陶渊明借“形”之口，说明人的生死是天地的规律，不可避免：

> 天地长不没，山川无改时。草木得常理，霜露荣悴之。
>
> 谓人最灵智，独复不如兹。适见在世中，奄去靡归期。
>
> 奚觉无一人，亲识岂相思！但余平生物，举目情凄洏。
>
> 我无腾化术，必尔不复疑。愿君取吾言，得酒莫苟辞。

第二首是《影答形》，“影”回答“形”，即使讲求神仙之道，也没有作用：

存生不可言，卫生每苦拙。诚愿游昆华，邈然兹道绝。

与子相遇来，未尝异悲悦。憩荫若暂乖，止日终不别。

此同既难常，黯尔俱时灭。身没名亦尽，念之五情热。

立善有遗爱，胡为不自竭？酒云能消忧，方此讵不劣！

最后是《神释》，由“神”来做总结，集中地表达了陶渊明对生命和人生的态度：

大钧无私力，万理自森著。人为三才中，岂不以我故！

与君虽异物，生而相依附。结托既喜同，安得不相语。

三皇大圣人，今复在何处？彭祖爱永年，欲留不得住。

老少同一死，贤愚无复数。日醉或能忘，将非促龄具。

立善常所欣，谁当为汝誉？甚念伤吾生，正宜委运去。

纵浪大化中，不喜亦不惧。应尽便须尽，无复独多虑！

“大钧”指宇宙。天、地、人合称“三才”。“神”自称“我”，人与天地并列，就是因为有“神”。“神”与“形”“影”虽然不同，但互相依附。三皇圣人不说了，长寿即使如同彭祖，生命最后也不免会结束。饮酒行乐也好，立善求名也好，都不如随顺自然，逍遥于大化之中。

陶渊明真不愧是一位大诗人，他把原本属于抽象思维的形、影、神三个概念，比拟为人，三人互相对话。这样的寓言式的写法，印度有，但在中国的古诗中很少见。陶诗的语言，明白晓畅，中间虽然有少量的典故，但即便不多做解释，也很容易理解。这在那个时代的诗歌中，也很难得。

当年的陶渊明，与慧远有没有过直接的交往，研究者之间有不同的意见。不过，考虑到陶渊明与慧远生活在同一时代，年纪相近，一位居于庐山，一位居于庐山脚下的浔阳，两地相距不远，二人之间，还有一些共同的朋友，二人之间有一定往来，是极有可能的事。退一步说，即使二人没有直接的交往，慧远的《佛影铭》以及重点讲到“形尽神不灭”的《沙门不敬王者论》，以慧远当时在中国南方的影响而言，陶渊明一定会知道，也一定读过。慧远在庐山修筑佛影台，是当时一件有很大影响的事。陶渊明的这三首诗，与慧远的《佛影铭》以及“形尽神不灭论”，再有谢灵运的《佛影铭》，在同一个时段，讨论的是极为相似的题目。如果说，陶渊明是由此而有了撰写《形影神》三首诗的动机和灵感，这样的推断，应该说是有根据的。

总结起来讲，东晋南北朝时代，佛教徒、士大夫、文人学士之间关于形、影、神的讨论，显然都是在一种大的文化背景下的行为。佛教传入中国，佛教的信仰和思想，为中国思想加入了新的元素和新的话题。佛影不过只是其中的事例之一。

从万里之外的佛影窟，到庐山慧远以及谢灵运撰写的《佛影铭》，还有慧远在庐山修筑的佛影台，再到浔阳陶渊明以及陶渊明的《形影神》诗，这中间的故事，是不是让我们对古代中印之间思想文化的交流有了更多的理解呢？

黄金布地给孤独：祇园的故事

阿难与其他佛弟子们听佛说法的地点，常常在舍卫国的祇树给孤独园。

对佛教有点儿知识、又读过佛经的人都知道，佛经常常这样开头："如是我闻，一时佛住舍卫国祇树给孤独园。尔时世尊告诸比丘……"以下便是释迦牟尼说法的具体内容。

讲这句开场白的，据说是佛的弟子阿难。阿难"多闻第一"，他随侍释迦牟尼几十年，佛的教导，他听得最多。所谓"如是我闻"，意思是"我是这样听说的"。阿难与其他佛弟子们听佛说法的地点，常常在舍卫国的祇树给孤独园。

在玄奘的《大唐西域记》里，"舍卫国"称作"室罗伐悉底国"。《大唐西域记》卷六讲：

室罗伐悉底国，周六千余里。都城荒顿，疆

场无纪。宫城故基周二十余里，虽多荒圮，尚有居人。谷稼丰，气序和。风俗淳质，笃学好福。伽蓝数百，圮坏良多。僧徒寡少，学正量部。天祠百所，外道甚多。

“室罗伐悉底”是梵语 Śrāvastī 的音译。“舍卫”或“舍卫国”则是玄奘之前，早期佛经中的译名，来源不是出于梵语。玄奘的翻译，以梵语为标准，所以有了这个新的译名。不过，虽然有了玄奘新的翻译“室罗伐悉底”，“舍卫国”这个名称在中国仍然最为通用。玄奘之前，东晋的法显也到过这里，《法显传》里称作“拘萨罗国舍卫城”，因为舍卫城曾经是古印度拘萨罗国的首都。

室罗伐悉底国在古代印度是一个有名的地方，也是佛教历史上最著名的圣地之一。佛经中讲，释迦牟尼三十五岁成道，八十岁涅槃，其间四十五年中有很多时候——有人统计是二十五年——住在室罗伐悉底国，具体的地方就是室罗伐悉底国的“祇树给孤独园”。

依照玄奘的记载，这个时候的室罗伐悉底国，已经显得很衰落，都城荒凉倾颓，居民有一些，但不多。虽然有一百

祇园遗址一

多座佛寺，但也大多倒塌，僧人也很少，反而是外道，即信仰印度教的人很多。

不过，不管怎样，玄奘到了印度，室罗伐悉底国以及“祇树给孤独园”，是他一定要朝拜和访问的地方。《大唐西域记》接下来就讲：

> 城南五六里有逝多林（唐言胜林，旧曰祇陀，

讹也），是给孤独园。胜军王大臣善施为佛建精舍。昔为伽蓝，今已荒废。东门左右各建石柱，高七十余尺。左柱镂轮相于其端，右柱刻牛形于其上，并无忧王之所建也。室宇倾圮，唯余故基。

“逝多林”是舍卫城附近的一处树林。“逝多”是梵语Jeta的音译，意思是“胜利者”，加上vāna，成为Jetavāna，一个译音，一个译意，合起来译为“逝多林”，同时也可以整个意译为“胜林”。Jeta一词，早期翻译为“祇陀”，这是古音，玄奘认为“讹也”，实际上不完全是这样。

“祇陀”是室罗伐悉底国国王胜军王的儿子——佛经中也称作“太子”——的名字。这处园林，最初属于祇陀太子，因此称作“祇树林”“祇树”或者“祇园”。“祇陀”“祇树”和“祇园”几个名称，在玄奘之前，早已流行，为中国的佛教徒接受。这种情形，在玄奘之后也没有多少改变。

玄奘这里提到的胜军王，梵语的原名是Prasenjit，佛经中常常又音译为“波斯匿王”。胜军王信仰佛教，是佛教的支持者，他的名字，在佛经中也经常被提到。善施是胜军王的大臣，梵语原名是Sudāna。su的意思是“善”，dāna的意思是“布施”。但善施还有一个更出名的名字，那就是“给孤独长者”，简称“给孤独”。玄奘也讲了善施为什么会有这个名字：

> 善施长者仁而聪敏，积而能散，拯乏济贫，哀孤恤老。时美其德，号给孤独焉。

“给孤独”于是成为善施的另一个称号，原因是他总是帮助孤独的老人以及穷人。这个名字的梵文原文是 Anāthapiṇḍika。善施能够这样做，还因为他是一位“长者”。佛经中讲到的“长者”，指的大多是富有的大商人。善施富有，但他“积而能散，拯乏济贫，哀孤恤老”，所以受人称赞。

“无忧王”即阿育王。“阿育”一词，梵语原文 Aśoka 意思就是“无忧”。阿育王是印度古代孔雀王朝的第三位国王，也是印度历史上最有名的国王。他支持和信仰佛教，被认为是佛教最伟大的护法大王。阿育王在佛教的圣地，往往都会竖立高大的石柱。玄奘见到的这两条石柱，法显也见到了，两人都做了同样的记载。

祇园遗址二

“逝多林”原本属于祇陀太子，为什么又会被称为“给孤独园”呢？接下来玄奘讲了一个故事：

闻佛功德，深生尊敬。愿建精舍，请佛降临。世尊命舍利子随瞻揆焉，唯太子逝多园地爽垲。寻诣太子，具以情告。太子戏言：“金遍乃卖。”善施闻之，心豁如也。即出藏金，随言布地。有少未满，太子请留曰："佛诚良田，宜植善种。"即于空地，建立精舍。

这里说，善施长者信仰佛教，很想为释迦牟尼在室罗伐悉底国建造一处房舍，邀请佛来长住。释迦牟尼接受了善施长者的请求，先派了弟子舍利弗到室罗伐悉底国了解情况。舍利弗发现，只有太子逝多的一处花园，园地最为宽敞。善施长者跟逝多太子商量，太子开玩笑说："你要是用金币把花园里的地都布满，我就把花园卖给你。"善施听了这话，一下就放心了，立即拿出他收藏的金币，遍布到花园的地上。最后还剩下一小块地没有布满，这时太子请善施停下来，说："佛教就是良田啊，我们都应该修善植福。"太子决定把剩下的一块土地和花园里所有的树木也捐献出来。善施于是在空地上建立起了精舍。

世尊即之，告阿难曰："园地善施所买，林树逝多所施。二人同心，式崇功业，自今已去，应谓此地为逝多林给孤独园。"

“世尊”是释迦牟尼佛的尊称。于是释迦牟尼来到逝多林，他对阿难说：“园地是善施买的，树林是逝多太子所施舍。二人同心，建立了这一功业，从今以后，这个地方就应该称作逝多林给孤独园。”

这就是佛教传说中有名的给孤独长者“黄金布地”的故事。“逝多林给孤独园”或者说“祇园”，自此成为佛常住的地方。佛经开头的第一句话，也就会不时提到这个地方。这个故事，不仅记载在很多佛经里，佛教的壁画和雕刻，常常也以此作为题材。

当然，所有这些都是佛教的传说，不过传说也不是没有一定的根据。室罗伐悉底或者说舍卫国，在今天印度北方邦的境内。根据近代考古发掘和研究的结果，旧址确定在一处叫做沙赫特 · 马赫特（Sahet-Mahet）的村庄。这个地方最早属于北方邦的巴赫雷奇（Bahraich）县，现今恢复原来的名字Shravasti，成为单独的一个行政单位，东北距离北方邦的首府勒克瑙（Lucknow）170 公里。当年城市和佛教留下的遗址，被部分地发掘了出来，现在成为一处规模颇大的遗址公园。

在佛教徒的心目中，祇园是一处神圣的地方，在印度是这样，在中国也是这样。唐代的道宣，跟玄奘是同时代的人，曾经还参加过玄奘的译经团队，协助玄奘翻译佛经。道宣没到过印度，但他编撰过一部《中天竺舍卫国祇洹寺图经》，祇洹寺又称祇洹精舍，就是祇园。道宣的书，包括祇园寺的图，他写的“序”和印度祇园寺数万字的描述。依道宣自己的说法，他是因为“感灵”而编撰出这部书。书在中国早已失传，但唐代到中国求法的日本最有名的求法僧之一，也是日本天台宗的创始人圆珍把书带到了日本，保存在日本，不过图现在已经不存，只剩下了文字部分。从文字

巴尔胡特公元前浮雕：给孤独长者黄金布地故事

看，道宣对印度祇园寺的描述，大部分根据的是佛经中的描述，稍稍参考了到过印度的中国求法僧的记载，但更多的是出于想象。

在中国，以“祇园”作为名称的佛寺有过不少，到现在也还有一些。北京地安门内大街曾经有过祇园寺，辽宁盘锦也有祇园寺。不过最有名的，当数安徽九华山的祇园寺，既是名寺，也是古迹。

日本的佛教，从中国传入。古代日本的佛教，一度完全使用汉译的佛经，建造的寺庙也模仿中国的风格，日本因此也有祇园寺。京都的东山区，更有有名的“祇园”，不过已经不是寺庙，而是一处以艺伎文化著称的“花街”，每天游客络绎不绝。但“祇园”一名，追本溯源，还是与佛教的祇园寺有关。

不仅祇园，舍卫城一名，后来也成为一种文化象征。北京西郊的圆明园，是清代建成的大型皇家苑囿，园中西北一处，就曾经建有“舍卫城”。圆明园在第二次鸦片战争时整个被毁，这一处“舍卫城”也不例外。今天的圆明园，虽经重建，西北一隅，仍然偏僻，一片荒烟野草之中，依然还能见到中国的“舍卫城”的残垣断壁。

鸡足山与大迦叶：从摩揭陀到云南

印度的摩揭陀，有鸡足山，山上有大迦叶。因为佛教，中国的云南也有了鸡足山，同时也有了大迦叶的故事。

云南大理的宾川县，有一座山，称作鸡足山。鸡足山是云南的名胜之一，山势高峻，树木茂密，山上曾经建有许多佛教寺庙。20 世纪五六十年代，寺庙大多被毁。不过，最近三十多年来，佛教在鸡足山重新得到恢复，恢复后山上最有名的寺庙是金顶寺和祝圣寺。

古代印度的摩揭陀国，也有一座鸡足山。玄奘《大唐西域记》卷九讲到印度的鸡足山：

莫诃河东，入大林野，行百余里，至屈屈咤播陀山（唐言鸡足），亦谓窭卢播陀山（唐言尊足）。高峦陗无极，深壑洞无涯。山麓溪涧，乔林罗谷。

冈岑岭嶂，繁草被岩。峻起三峰，傍挺绝崿。气将天接，形与云同。

在古代印度，摩揭陀曾经是最大的国家，地域大致相当于今天印度的比哈尔邦。莫诃河的河名，应该是梵语 Mahā 的音译，意思是“大”。莫诃河就是“大河”。“屈屈咤播陀”是梵语 Kukkuḍapāda 的音译，意思是“鸡足”。加上梵语 giri，成为 Kukkuḍapādagiri，意译为“鸡足山”。“窭卢播陀”则是梵语的 Gurupa 意译，同样也是加上 giri，成为 Gurupadagiri，意思是“尊足山”。

依照玄奘的描述，印度的这座鸡足山，山势陡峭，上接云霄，山谷深邃，壑洞无涯。其中的三座山峰突兀而起，因此山被称作鸡足山。

鸡足山又名尊足山。为什么称作尊足山，玄奘也做了解释：

其后尊者大迦叶波居中寂灭，不敢指言，故云尊足。

大迦叶波就是大迦叶，梵语原文是Mahākāśyapa，前半部分Mahā意译为“大”，后半部分Kāśyapa音译为“迦叶波”。佛教传说，大迦叶是释迦牟尼的弟子，释迦牟尼众多的弟子中，他排名第一。佛教寺庙的大雄宝殿里，正中站立或端坐的，是释迦牟尼佛。释迦牟尼佛的左右，分别伺立着两位弟子，左边一位是阿难，右边一位就是大迦叶。两位弟子中，大迦叶的资历更高一些。

佛教历史上，有所谓的结集。“结集”是意译，梵语的原文是saṅgīti，指的是佛弟子们集合在一起，把释迦牟尼的教言重新唱诵出来，让大家认可。这些教言，编成为经典，流传下来，就是今天见到的佛经。依照佛教的传说，当年释迦牟尼涅槃之后，弟子们首次举行了结集。这次结集，称作第一次结集。在这次结集上，大迦叶是召集人，也是领袖，可见大迦叶在释迦牟尼所有弟子中的地位。玄奘的书，也提到了这一点：

摩诃迦叶波者，声闻弟子也，得六神通，具八解脱。如来化缘斯毕，垂将涅槃，告迦叶波曰：“我于旷劫，勤修苦行，为诸众生，求无上法。昔所愿期，今已果满。我今将欲入大涅槃，以诸法藏，嘱累于汝。住持宣布，勿有失坠。姨母所献金缕袈裟，慈氏成佛，留以传付。”

摩诃是梵语 Mahā 的音译，摩诃迦叶波也就是大迦叶波。这里说大迦叶作为释迦牟尼的弟子，已经获得了六种“神通”，同时具备获得八种“解脱”的品德。释迦牟尼佛在入涅槃之前，留下遗言，要把佛法，也就是这里称作的“法藏”，交付给大迦叶。释迦牟尼的姨母当年献给释迦牟尼的“金缕袈裟”，作为信物，也交给了大迦叶。这个信物，最后还要等到“慈氏成佛”之时，再交给慈氏。“慈氏”是梵文 Maitreya 的意译，古代更多的时候音译为“弥勒”，指的是佛教的弥勒菩萨。佛教，特别是大乘佛教有一种说法，释迦牟尼佛在世时曾经预言，在他涅槃许多年之后，弥勒菩萨将继承佛位，成为新的佛，也就是未来佛，并从大迦叶的手里接过“金缕袈裟”。

迦叶承旨，住持正法。结集既已，至第二十年。厌世无常，将入寂灭。乃往鸡足山。山阴而上，屈盘取路，至西南冈。山峰险阻，崖径盘薄。乃以锡扣，剖之如割。山径既开，逐路而进。盘纡曲折，回互斜通，至于山顶，东北面出。既入三峰之中，捧佛袈裟而立。以愿力故，三峰敛覆，故今此山三脊隆起。

大迦叶按照释迦牟尼佛的遗言，组织了结集，结集之后二十年，他也要入寂灭。他选择的入寂灭的地点，是鸡足山。山峰险阻，石崖盘旋，大迦叶用锡杖开出一条道路，最后到达山的东北面，在三座山峰之间，手捧佛的袈裟，站立而入寂灭。因为迦叶的愿力，三座山峰弯曲倾覆，形成隆起的三道山脊。

对印度的鸡足山，东晋时代到印度求法的高僧法显留下的《法显传》也有记载。法显的文字很朴实，没有讲山的风景，却讲了另外一些具体的故事：

从此南三里行，到一山，名鸡足。大迦叶今在此山中。擘山下入，入处不容人，下入极远有旁孔，迦叶全身在此中住。孔外有迦叶本洗手土，彼

> 方人若头痛者，以此土涂之即差。此山中即日故有诸罗汉住，彼方诸国道人年年往供养迦叶。心浓至者，夜即有罗汉来，共言论，释其疑已，忽然不现。此山榛木茂盛，又多师子、虎、狼，不可妄行。

法显提到了迦叶寂灭而住的山洞，山洞外的泥土可以治头痛，依情形推测，这应该是一种“泥疗”。法显还讲到当地的佛教徒每年都到这里来供养迦叶，同时也讲到山上树木茂密，有很多狮子、老虎和狼。

两座鸡足山，一座在印度，一座在中国，显然，印度的鸡足山和大迦叶的故事在前，中国的鸡足山在后。现在的问题只是，中国的云南，为什么会有这样一座同名的山呢？

简单的答案是因为佛教。这样理解，当然没有问题。但云南的情况显然要复杂一些。与中国的中原地区不一样，佛教传入云南，相对比较晚。佛教是通过哪一条路径传到云南，一直有不同的意见。一种看法认为，云南与东南亚地区相连接，最早在秦汉时代，通过今天的缅甸、云南与印度之间，就有交通往来的记载，佛教完全有可能由此直接从印度传来。另一种看法是，云南有记载的佛教，出现在宋代，这个时候中原地区的佛教早已盛行，佛教从中原通过今天的四川地区或其他相邻的地区传到云南，也是完全可能的。两种看法，不管哪一种理由更多一些，确定的一个事实是，云南的大理，从唐代到元明时代，一直是云南文化最发达的地区。大理的居民，主要不是汉族，而是白族和其他一些少数民族。白族很早就信仰了佛教，对于佛教，白族曾经有过一些特别的传说。

具体地说，在白族的传说中，大理一度被说成是佛国。至晚从元代开始，在大理地区就有了包括观音在此降服罗刹、释迦牟尼在点苍山说法、印度的阿育王是白族始祖等一系列奇奇怪怪的传说。这些传说，白族人用白文记载在自己的文献中，其中能够追溯到最早的，是《白古通记》。《白古通记》的原书虽然后来已经不能见到，但书中的一些片段却被转引在明清时代的一些文献中。

白族的这些传说，当然只是神话，但它们把大理的一些地名跟印度直接联系到了一起，这其中就有鸡足山。清初范承勋编的《鸡足山志》，书中引《白古通记》讲鸡足山的得名：

鸡足山，上古之世原名青巅山。……迦毗罗国净梵大王因其山形象鸡足，遂更名为鸡足山，名其洞曰迦叶洞，后讹为华首门。阿育王时，敕长者明智、护月、李求善、张敬成等，来创迦叶、圆觉、龙华、石钟等庵，即为名胜之始。

云南鸡足山：迦叶洞

迦毗罗国又称迦毗罗卫国。在佛教历史上，迦毗罗卫国很出名，因为当年释迦牟尼就诞生在迦毗罗卫国。阿育王则是印度历史上最著名的国王，他支持佛教，佛教一直把他看做是最大的护法大王。这里说鸡足山最早不叫鸡足山，是迦毗罗国净梵大王把原来的名字更改为鸡足山。

这样的传说，通过佛教，把印度直接地与大理和鸡足山联系到了一起。这在汉族地区的人看来，真有些匪夷所思。可是对于古代的白族人来讲，却不是不可以想象。这些传说，最初怎样形成，是一个很有意思的问题。它牵涉到佛教究竟是怎么传入大理地区，白族最初对自己的民族身份的建构和认同，汉文化与白文化一千年间的互动关系，以及佛教文化在其中所起的作用等一系列问题。

所有的这些问题，都可以做进一步的讨论，也会有不同的看法。但不管怎样，这个故事告诉我们的是，印度有鸡足山，山上有大迦叶。因为佛教，中国的云南也有了鸡足山，同时也有了大迦叶的故事。鸡足山与大迦叶的故事，再一次显示出中印文化之间曾经有过怎样多姿多彩的一些片段。

灵鹫远自天竺来

佛教传入中国之前，中国没有称作鹫峰的山。鹫峰一名，随佛教而来到中国，为中国人所认识，于是中国渐渐也有了许多称作鹫峰的地方。

鹫峰在中国是一个常见的山名。北京的西山有鹫峰，河北的遵化和阳原都有鹫峰，四川的蓬溪也有鹫峰，福建境内还有鹫峰山脉，重庆的合川又有鹫峰峡。其他以鹫峰为名、或大或小的山还有一些。如果加上以灵鹫峰或者灵鹫山作为名称的一些山峰，数量那就更多。

鹫峰、灵鹫峰、灵鹫山，名字都一样。中国所有的鹫峰、灵鹫峰、灵鹫山，不管在什么地方，无一例外，在当地都是名胜。

印度也有鹫峰。《大唐西域记》卷九讲：

宫城东北行十四五里，至姞栗陀罗矩吒山（唐

孤标特起灵鹫峰

言鹫峰，亦谓鹫台，旧曰耆阇崛山，讹也）。接北山之阳，孤标特起，既栖鹫鸟，又类高台。空翠相映，浓淡分色。如来御世，垂五十年，多居此山，广说妙法。

“姞栗陀罗矩吒”是梵语 Gṛdhrakūṭa 的音译，意思是鹫，鹫峰是“姞栗陀罗矩咤”的意译。在玄奘之前，早期的佛经音译为“耆阇崛”，是因为不是来自标准的梵语。玄奘说译错了，其实多少是一种误解。

玄奘说的“宫城”，指的是“矩奢揭罗补罗城”，梵语的名称是Kuśāgrapura，意译“上茅宫城”。上茅宫城又称作王舍旧城，曾经是古代摩揭陀国的首都，旧址在印度比哈尔邦的境内。不过，当年曾经作为首都的王舍城，在今天只是一处小镇，名字叫拉吉杰尔，印地语是Rajgir，来自梵语的Rājagṛha，意思就是“王舍城”。鹫峰的位置，如玄奘所讲，在今天的拉吉杰尔小镇的东北方向。

鹫作为一种大鸟，在印度很常见，但这里的鹫鸟不一般，有灵性，所以称作“灵鹫”，鹫峰因此又称“灵鹫峰”。玄奘说，鹫峰“孤标特起”，又说“空翠相映，浓淡分色”。直到今天，鹫峰的景色依然如此。但鹫峰最有名的，不仅是自然的景色，更重要的是与佛教的关系，传说释迦牟尼在世时常常来到鹫峰，在鹫峰广说佛法。与鹫峰相关的，有不少佛教的故事。其中一个故事与历史上有名的频毗娑罗王有关：

频毗娑罗王为闻法故，兴发人徒。自山麓至峰岑，跨谷凌岩，编石为阶。广十余步，长五六里。

“频毗娑罗”是梵语Bimbisāra的音译，这个名字有时意译为“影坚”，因此频毗娑罗王有时也称作影坚王。频毗娑罗王是古摩揭陀国的国王，与释迦牟尼同时。佛教的故事中讲，他信仰佛教，是佛教热情的赞助者。频毗娑罗王修建的这条山路，至今还在。今天的人，如果要登临鹫峰，仍然需要从这条山路上山。不过，上个世纪的90年代，与山路并行，建起了上山的索道。要想节省时间和气力，可以坐索道。山顶的形势则依然跟玄奘描写的一样：

> 其山顶则东西长，南北狭。临崖西埵，有砖精舍，高广奇制，东辟其户。如来在昔，多居说法。今作说法之像，量等如来之身。

玄奘当年见到的临崖的砖精舍，今天也还能见到，虽然只是遗址，仍然经常有世界各地的佛教徒到这里朝圣。不过，时间过去了一千三百多年，今天见到的，即使只是遗址，也是后来重新修建的。

在佛教的传说中，鹫峰是圣地。鹫峰成为圣地，原因之一，是因为释迦牟尼演说佛教的经典，很多据说是在鹫峰。

从鹫峰远眺王舍城附近的郊野

中国汉地的佛教，属于大乘。大乘佛教有一部经典，全名《妙法莲华经》，简称《法华经》，是历史上中国佛教徒最为崇拜的经典之一。《法华经》的第一句话，是“如是我闻，一时佛住王舍城耆阇崛山中，与大比丘众万二千人……”（鸠摩罗什译本卷一）。前面讲了，耆阇崛山就是早期翻译的佛经中鹫峰的音译名。

在玄奘到达鹫峰之前，到过鹫峰的中国求法僧有法显。

法显在他的行记《法显传》中也讲到了鹫峰，法显也称作耆阇崛山。在玄奘西行求法之后不久，又有不少中国求法僧来到印度。离鹫峰东北方不远，是那烂陀寺。那烂陀是当时印度乃至亚洲最著名、规模也最大的佛教寺院。中国求法僧们，都在那烂陀寺学习。求法僧们在学习之余，常常登鹫峰而瞻奉。其中最有名的是义净法师。义净在那烂陀寺学习过十多年，他在回国的途中，曾经停留在南海中的室利佛逝国，也就是今天印度尼西亚的苏门答腊岛。义净在室利佛逝写过一部书，书名叫《大唐西域求法高僧传》，书中一段，对鹫峰的风景有很生动的描写：

> 觉树初绿，观洗沐于龙池；竹苑新黄，奉折花于鹫岭（此二时者，春中也，皆是大节会。无间远近，道俗咸观洗菩提树也。又鹫峰山此时有黄花，大如手许，实同金色，人皆折以上呈。当此之时，弥覆山野，名春女华耳）。

“觉树”就是菩提树。“龙池”和“竹苑”都是佛教的名胜，离鹫峰不远。鹫岭也就是鹫峰。“春中”即农历的春分。

这里讲的是春分时节，出家和在家的佛教徒要举行庆典，灌洗菩提树。这个时候的鹫峰山，遍山盛开一种花，当地人称春女花，花形硕大，如同手掌，远望一片金色，人们纷纷折花供奉。也是在这个时候，义净与另一位来自中国荆州江陵的无行禅师结伴，同游鹫岭，“瞻奉既讫，遐眺乡关，无任殷忧”。义净当即赋诗两首，一长一短，其中短的一首抒发他的感慨，岁月易逝，事业未成，不知何时可以重返家乡。诗的形式也很别致，称作“一三五七九言”，诗题《在西国王舍城怀旧之作》：

游，愁；
赤县远，丹思抽。
鹫岭寒风驶，龙河激水流。
既喜朝闻日复日，不觉颓年秋更秋。
已毕祇山本愿诚难遇，终望持经振锡往神州！

这样的诗，如果从上往下一字一句地抄写出来，形状看起来就像是一座佛塔，因此后来又被称作“宝塔诗”。古代人写宝塔诗，义净不是最早，但属于最早的人之一。

鹫峰西崖精舍遗址：佛说《法华经》处

当年的中国求法僧们，远离家乡，去国万里，又都是多年在外，同伴中有的去世于中途，有的往生在异国，义净作为求法僧中的一员，思念家乡，发出这样的感慨，是很自然的事。求法僧们异域漂泊，最后能够成功回到中国的，十不存一。他们为中印文化的交流，也为中国的佛教曾经做出过巨大的贡献。法显、玄奘、义净，是他们中最成功和最杰出的代表。

今天的鹫峰，依然是佛教最重要的圣地之一，每年有许多来自世界各地的朝圣者专门到此参拜。20 世纪 60 年代末，日本的佛教团体在鹫峰附近的山顶修建了一座世界和平塔。当年释迦牟尼成道的圣地菩提伽耶，在鹫峰的西南方，离鹫峰也不算太远。今天当地的居民，虽然很少有人信仰佛教，但都知道这是佛教的圣地。近些年，为了吸引佛教的旅游者，当地人还开设了不少旅馆和饭馆。

2007 年，印度政府为了继承那烂陀古老的教育文化传统，决定重建一所新的那烂陀大学。经过几年的计划和筹备，2010 年 8 月，政府为此专门提出一份提案，提案在印度议会的上下两院获得一致的通过，新的那烂陀大学由此建立。大学的地址就选定在拉吉杰尔小镇附近，几乎就坐落在鹫峰的脚下。

佛教传入中国之前，中国没有称作鹫峰的山。鹫峰一名，随佛教而来到中国，为中国人所认识，于是中国渐渐也有了许多称作鹫峰的地方。“灵鹫远自天竺来”，鹫峰这个名字的后面，有不少的故事。我们今天，即使是在中国，登临的即便不是印度的鹫峰，而是中国的鹫峰，如果知道这些故事，也会很有意思。从山的名称，我们看到的是两千年来中印文化交流的一个片段。

雁塔传奇：从印度到中国

玄奘是唐初最有名的僧人，玄奘有名，大慈恩寺有名，大慈恩寺中的雁塔也有名。

西安的城南，有座塔，称作大雁塔。大雁塔很出名，今天已经是西安最重要的地标建筑。大雁塔下，是一座佛教寺庙，称作大慈恩寺。大慈恩寺建于唐贞观年间。建寺的地方，在唐代长安城南的晋昌里。这里最早有北魏道武帝时建立的净觉寺，后来隋文帝又在此修建无漏寺。贞观二十二年（648），当时的太子，也就是后来的唐高宗李治，为了追念他的母亲长孙皇后，历史上也称作文德皇后，决定在净觉寺的旧址重新修建一座佛寺。当年的十月，佛寺建成，“重楼复殿，云阁洞房，凡十余院，总一千八百九十七间”，一时成为长安城里最大的寺庙。新的佛寺，称作“大慈恩寺”，“慈恩”二字，是要感念慈母文德皇后的恩德。

大慈恩寺建成后，太子李治得到太宗皇帝的同意，请玄奘担任新建成的大慈恩寺的首位主持法师。慈恩寺从此成为玄奘最常住的地方。玄奘翻译佛经，讲说佛法，接待客人，大部分的活动，都在慈恩寺。

玄奘翻译佛经，使用的底本是他从印度带回的梵文贝叶经。《大慈恩寺三藏法师传》卷六讲，贞观十九年（645）正月，玄奘从印度归国，到达长安时，带回的不仅有佛经，还有佛舍利和佛像。所有这些，都是佛教的圣物。

圣物中首先是佛舍利。玄奘带回的是“如来肉舍利

贝叶佛经

印度毗舍离遗址出土佛舍利

一百五十粒”，也就是传说中释迦牟尼涅槃后火化，留下的遗骨。

其次是佛像。佛像有多种，其中坐像六种，影像六种：“摩揭陀国前正觉山龙窟留影金佛像一躯，通光座高三尺三寸；拟婆罗痆斯国鹿野苑初转法轮像，刻檀佛像一躯，通光座高三尺五寸；拟憍赏弥国出爱王思慕如来刻檀写真像，刻檀佛像一躯，通光座高二尺九寸；拟劫比他国如来自天宫下降宝阶像，银佛像一躯，通光座高四尺；拟摩揭陀国鹫峰山说《法华》等经像，金佛像一躯，通光座高三尺五寸；拟那揭罗曷国伏毒龙所留影像，刻檀佛像一躯，通光座高尺有五寸；拟吠舍厘国巡城行化刻檀像等。”

再有就是佛经。玄奘从印度带回的佛经，写在贝叶上，称作贝叶经，形制上既不像唐代的卷轴书，更不像后来的线装书。贝叶经总数有五百二十夹，包括六百五十七部经典，具体有：“大乘经二百二十四部，大乘论一百九十二部，上座部经、律、论一十五部，大众部经、律、论一十五部，三弥底部经、律、论一十五部，弥沙塞部经、律、论二十二部，迦叶臂耶部经、律、论一十七部，法密部经、律、论四十二部，说一切有部经、律、论六十七部，因论三十六部，声论一十三部。”

贞观十九年，在长安负责迎接玄奘的是京城留守房玄龄。房玄龄安排玄奘暂时住进长安的弘福寺，这些佛经、舍利和佛像也放置在弘福寺。现在玄奘有了自己的寺庙，他希望把这些在他看来比自己生命还要重要的圣物安全地放在他的身边。大慈恩寺建成后的第三年，永徽三年（652）三月，玄奘就打算在“寺端门之阳造石浮图，安置西域所将经像”。

玄奘的想法是，“人代不常，经本散失，兼防火难”。浮图就是塔，石浮图就是石塔。玄奘计划修建的高度，是三十丈。在他看来，这样才能“显大国之崇基，为释迦之故迹”。

玄奘给当年建大慈恩寺的太子，现在已经是皇帝的唐高宗上表，请求唐高宗批准他建塔的计划。唐高宗表示同意，但他觉得玄奘要建的塔规模太大，一时难以完成，他让中书舍人李义府回复玄奘：“师所营塔功大，恐难卒成，宜用砖造。亦不愿师辛苦，今已敕大内东宫、掖庭等七宫亡人衣物助师，足得成办。”

于是整个工程不用石材，改用砖造，地点也改在大慈恩寺的西院。建塔的工程依然不小。建塔之时，尽管玄奘年纪已经五十三岁，仍然做出示范，“亲负篑畚，担运砖石”。

塔的修建，耗时两年。建成后的砖塔，塔基每一面一百四十尺，“仿西域制度，不循此旧式也”。塔一共五级，每一级上建有相轮、露盘。塔高一百八十尺。塔的每一层的中心，都安放舍利。舍利的数量或者一千，或者二千，一共一万多粒。塔的最高层，有一间石室。塔的南面，竖立了两

今日大雁塔

佛缘

通石碑，一通是唐太宗撰写的《大唐三藏圣教序》，一通是唐高宗撰写的《述三藏圣教序记》。书写两通碑文的，是唐初最著名的书法家、尚书右仆射褚遂良。两位皇帝的文字，加上褚遂良的书法，一时堪称绝品。

塔建成了，有没有一个专门的名字，是不是就称作“雁塔”或者“大雁塔”,《大慈恩寺三藏法师传》里没有讲。但塔由玄奘提议而建造，建筑形式又是仿照西域，即印度的佛塔，把塔称作雁塔，却一定与玄奘和玄奘撰写的《大唐西域记》有关，因为《大唐西域记》里正好有一个故事与此相关。

《大唐西域记》卷九，记载印度的摩揭陀国，其中讲到摩揭陀有一处山，称作“因陀罗势罗窭诃山”，山上有一座塔：

> 因陀罗势罗窭诃山东峰伽蓝前，有窣堵波，谓亘娑（唐言雁）。昔此伽蓝，习玩小乘。小乘渐教也，故开三净之食。而此伽蓝，遵而不坠。其后三净，求不时获。有比丘经行，忽见群雁飞翔，戏言曰：“今日众僧，中食不充，摩诃萨埵宜知是时。”

言声未绝，一雁退飞，当其僧前，投身自殒。比丘见已，具白众僧。闻者悲感，咸相谓曰："如来设法，导诱随机。我等守愚，遵行渐教。大乘者，正理也，宜改先执，务从圣旨。此雁垂诫，诚为明导。宜旌厚德，传记终古。"于是建窣堵波，式昭遗烈，以彼死雁，瘗其下焉。

因陀罗势罗窭诃山，梵文的名字是 Indraśailaguhā，意译"帝释窟"。这座山在今天印度比哈尔邦的拉吉杰尔（Rajgir）小城，古代称为王舍城的附近，考古学家们大多比定为今城东大约十公里处的吉里也克山（Giriyek）。

伽蓝就是佛寺。窣堵波的梵文原文是 stupa，意译为塔。亘娑是梵文词 haṃsa 的音译，汉译为雁，也可以翻译为天鹅。"亘娑窣堵波"一名，翻译为汉语，就是"雁塔"。

故事中提到"三净之食"。所谓"三净之食"，是指在三种情形下得到的肉食：第一，眼不见杀，即没有亲眼看见动物被杀；第二，耳不闻杀，即没有亲耳听到动物被杀死的声音；第三，不为己所杀，即杀戮不是因为自己。在小乘佛教的戒律中，这样的肉食可以允许食用。

“摩诃萨埵”是梵文词 Bodhisattva 的音译，意译是菩萨。故事中讲，这所佛寺，遵守小乘的戒律，接受“三净之食”，但“三净之食”不是任何时候都能得到。一位比丘僧，在“经行”，也就是僧人们用步行的方式而修行的时候，突然见到天上飞来一群大雁，便开玩笑说道：“今天比丘僧们没有中饭啊，这事菩萨知道吗？”话音未落，一只大雁便飞出行列，摔死在僧人的面前。比丘僧把这事报告给大家。僧人们为此感伤不已，觉得这是如来用这种方式来教导大家，应该怜悯生命，于是僧人们都改宗了大乘。“此雁垂诫，诚为明导”，大雁牺牲了自己的身体，可是却引导大家获得了正确的信仰。为此僧人们建了一座塔，把死去的大雁埋在塔下，表彰大雁的牺牲精神。

大乘佛教提倡素食。中国汉地的僧人，都信奉大乘，素食很严格。大乘看不起小乘。玄奘是大乘佛教虔诚的信徒，他通过这个故事，批评小乘是“渐教”，意思是依照小乘的教法修行，只能慢慢得到觉悟。大乘则不一样，大乘可以奋勇精进，较早地成佛。

与玄奘同时的道宣法师，是唐初很著名的一位僧人，也是一位学者，还参加过玄奘译经的团队。道宣有很多著作，其中一部是《释迦方志》。书中的《遗迹篇》，讲到摩揭陀国，其中一句是“帝释峰寺前有雁塔，其缘如经”。这说明“雁塔”一名，在唐初知道的人已经不少，移作玄奘新建的塔名，是很自然的事。此后几十年中，塔的名称，虽然不时也称作“慈恩寺塔”或者“慈恩寺浮图”，但雁塔这个名字，似乎更流行，而且越来越流行。唐大历九年（774），密宗的大和尚不空法师去世，祭奠不空的表文中，就有“辞帝里兮素舆行，瞻雁塔兮白露生”的句子。这时的雁塔，显然已成为长安的地标性建筑。

玄奘是唐初最有名的僧人，玄奘有名，大慈恩寺有名，大慈恩寺中的雁塔也有名。尤其是雁塔，玄奘去世之后，很快成为长安城中的一处名胜。从唐中宗神龙年间（705—707）开始，新科进士，在杏园设宴之后，都约定到雁塔集合，在塔下题名，这就是有名的“雁塔题名”的故事。雁塔题名的进士中，最出名的要算是白居易。白居易二十七岁一举中第，留下了“慈恩塔下题名处，十七人中最少年”的诗句，喜悦心情，溢于言表。有唐一代，无数的文人登临雁塔，吟咏不绝。在白居易到来之前，登塔吟诗最有名的，大概是杜甫、高适、岑参、储光羲和薛据。天宝十一年

（752），几位诗人登塔作诗。其中岑参的诗，状物写景尤为精彩："塔势如涌出，孤高耸天宫。登临出世界，磴道盘虚空。突兀压神州，峥嵘如鬼工。四角碍白日，七层摩苍穹。下窥指高鸟，俯听闻惊风。"（《与高适、薛据同登慈恩寺浮图》）这些诗歌流传至今，已经成为描写大雁塔的名篇。

不过，玄奘最初修建的雁塔，后来其实有不少的变化。最大的变化发生在武后的长安年间（701—704）。北宋的一位学者宋敏求，撰写《长安志》，讲到大雁塔："次南进（晋）昌坊以东大慈恩寺，寺西院浮图六级，崇三百尺。初唯五层，崇一百九十尺，砖表土心，仿西域窣堵波制度，以置西域经像，后浮图心内卉木钻出，渐以颓毁。长安中，更拆改造，依东夏刹表旧式，特崇于前。"也就是说，塔的外形，从此由西域的形制改为中国的形制，而且由最初的五级改为六级。也有记载讲，武后时代重建的大雁塔，曾经是十层，"气象宏伟，甲于海内"。原来印度形制的砖塔，砖面土心，只是高层"以石为室"，放置经像。重修之后，虽然仍然是砖塔，但形制改为砖仿木结构的四方形楼阁式样，塔内中空，人们可以拾级而上，登塔顶而远眺。此后的大雁塔，屡有损坏，多次重修。人们今天见到的七层塔，基本上是明代的造型。一千三百多年来，时移世易，城市有了巨大的变化，但大雁塔巍然矗立，塔影依旧，依然让人生起许多遐想。可惜的是，玄奘当年从印度带回的佛舍利、佛像和梵文贝叶经，最早存放在大雁塔，却早已经损毁，没有一点踪迹。

一个来自印度的故事，一座与这个印度故事和玄奘求法故事相关的中国的名塔，故事已经流传了一千多年，大雁塔屹立在中国的西安城中，也已经有一千多年。我们相信，大雁塔的传奇故事还会继续流传下去。

布呾洛迦山与普陀山：关于观音的故事

因为印度的布呾洛迦山，有了中国浙江东海的普陀山，也有了西藏拉萨的布达拉宫。一位菩萨，三处地名。《大唐西域记》中关于观音的故事又一次说明，历史上中印之间曾经有过怎样多姿多彩的文化交流。

佛教今天已经是中国信仰人数最多的宗教。一般的中国人，如果信仰佛教，做得最多的事，是到佛寺里拜佛。拜佛的同时，也拜菩萨。佛寺里的佛，有时是一位，那就是释迦牟尼佛。有时是三位，称作三世佛。有时是一位释迦牟尼佛，一位弥勒佛，还有一位药师佛。菩萨的数量则比较多。菩萨中不那么知名的不说了，知名的则有文殊菩萨、普贤菩萨、地藏王菩萨和观音菩萨，合称四大菩萨。在中国，四大菩萨都有人拜，但拜得最多的，无疑是观音菩萨。菩萨们都来自印度，为何观音菩萨在中国最有名，最受到中国人的喜爱呢？这其实是一个很有意思的问题。

要回答这个问题，需要从佛教在中国发展的历史做考察。一种说法认为，这与佛教的《妙法莲华经》有关。《妙法莲华经》一般又简称为《法华经》。《法华经》中有一品，称作《观世音菩萨普门品》，其中讲到的观世音菩萨或者说观音菩萨，完全以大慈大悲、救苦救难的形象而出现，从此成为人们精神上求助的对象。《法华经》在东晋十六国时代由从龟兹来的高僧鸠摩罗什译出后，一千多年来一直是中国佛教徒诵读最多的经典之一，观音菩萨也就为人们所熟知。到了唐代，又有了被认为是玄奘翻译的《般若波罗蜜多心经》。《般若波罗蜜多心经》也简称《心经》，经文的第一句，就是"观自在菩萨，行深般若波罗蜜多时，照见五蕴皆空，度一切苦厄"。玄奘翻译的"观自在菩萨"，也就是观音菩萨。对于中国的佛教徒而言，《心经》也是一部几乎每天都要念诵的经典，于是观音的形象更加地深入人心。

总之，在中国，与其他几位菩萨相比，观音菩萨似乎最能救困济厄，因此最服中国的"水土"，也最受欢迎和崇拜。观音菩萨在印度，原本为男身，到了中亚，依然是男身，到了中国汉地，却一举而变化为女身。作为女身的观音，形象既端庄美丽，同时又法力无边，大慈大悲，无求不应。中国的老百姓，尤其是女性，无论贫富贵贱，几乎没有不喜欢、不拜观音菩萨的。

《大唐西域记》的书中，也有多处地方提到观音菩萨，但玄奘一般不使用“观音”这个名字，而是用梵语的“正译”，称作“观自在”，有时也使用梵语的音译“阿缚卢枳低湿伐罗”。为此玄奘在《大唐西域记》卷三中讲到乌仗那国的瞢揭厘城时，对此专门做了一番解释：

> 唐言观自在，合字连声，梵语如上。分文散音，即“阿缚卢枳多”，译曰“观”；“伊湿伐罗”，译曰“自在”。旧译为“光世音”，或云“观世音”，或“观世自在”，皆讹谬也。

也就是说，作为一个梵语词，Avalokiteśvara 可以分为两个部分：前一部分是 Avalokita，音译“阿缚卢枳多”，意译“观”；后一部分是 īśvara，音译“伊湿伐罗”，意译“自在”。前一部分的尾音 a 和后一部分的首音 ī 拼合在一块，“合字连声”，语音发生变化，成为一个复合音 e，汉字音译因此也有一点变化，成为“阿缚卢枳低湿伐罗”。玄奘认为，这是正确的拼法和写法，以前的翻译，无论是“光世音”，还是“观世音”，还是“观世自在”，都不正确。

玄奘的说法，不能说没有道理，如果严格依照梵文的标准拼法，确实是如此。但玄奘不知道，“观音”“观世音”这几个名称，作为最早的翻译名，并不是从标准的梵语而来，而是来自一种不太标准的梵语。这种语言，学术界称为混合

克什米尔斯利那加出土的观音铜像（公元6—7世纪）

梵语。在印度和中亚当时流行的混合梵语中，Avalokiteśvara 往往写作 Avalokitasvara。Avalokitasvara 的意思，确实可以理解为“见声音”或者“见声音者”。这也就是鸠摩罗什《法华经》译本中的“观其音声，皆得解脱”的来源。由此而有“观音”“观世音”“光世音”“观世自在”这一系列译名，不好说这一定就是鸠摩罗什的错误。至于 Avalokitasvara 一名在语义上的来源，有种种不同的解释，是一个更复杂的问题。

实际上，在玄奘之前，观世音或观音这两个名称已经被普遍地接受。虽然后来有了玄奘的新的“观自在”这个译名，但直到现在，中国人用得最多，也已经习惯使用的，还是观音或者观世音这两个名称。

玄奘不仅讲到了观音名称的来历，还讲到了观音在印度的道场。《大唐西域记》卷十讲到南印度的“秣罗矩吒国”，其中说到，在“秣罗矩吒国”的南边，面临大海，有一座山，称作“秣剌耶山”，出产白檀香，还有龙脑香。山的东边，又有一座“布呾洛迦山”，据说观音菩萨就常常住在这座山上：

秣剌耶山东，有布呾洛迦山，山径危险，岩谷敧倾。山顶有池，其水澄镜，流出大河，周流绕山二十匝，入南海。池侧有石天宫，观自在菩萨往来游舍。其有愿见菩萨者，不顾身命，厉水登山，忘其艰险，能达之者，盖亦寡矣。而山下居人祈心请见，或作自在天形，或为涂灰外道。慰喻其人，果遂其愿。

所谓“作自在天形”，意思是变化为大自在天的模样。“天”的意思是神。印度教有三位最重要的大神，大自在天是其中之一，梵语的原文是Īśvara。“涂灰外道”指的是印度教徒中的一类修行者。他们常常脸涂白灰，修习苦行。外道则是佛教对非佛教徒的统称。在今天的印度，“涂灰外道”还常常可以看到。

“秣罗矩吒”是梵语 Malakūṭa 的音译。从《大唐西域记》讲到的方位推断，“秣罗矩吒国”的位置，应该在今天印度泰米尔纳都邦的境内，地域大致延伸到印度半岛最南端的科摩林角（Cape Comorin）。一种看法认为，“秣罗矩吒国”即印度古代的潘底亚国（梵语 Pāṇḍya）。“秣剌耶”是

印度的涂灰外道

梵语 Malaya 的音译。“秣剌耶山”因此应该就是今天西高止山（Western Ghats）南端，直抵科摩林角的那一段山脉。“布呾洛迦”则是梵语 Potalaka 的音译。“布呾洛迦”佛经里有时也译为补怛洛迦、补怛罗迦、布怛落伽或者普陀洛迦。玄奘讲，布呾洛迦山在秣罗矩吒国，观自在菩萨就住在布呾洛迦山。

接下来玄奘还讲了布呾洛迦山东北方面的情形：

> 从此山东北，海畔有城，是往南海僧伽罗国路。闻诸土俗曰：从此入海，东南可三千余里，至僧伽罗国。

也就是说，从布呾洛迦山东北的海滨，乘船可以到达僧伽罗国，也就是今天的斯里兰卡。这样的描述，完全符合印度半岛南端的地理形势。

不过，从玄奘的传记《大慈恩寺三藏法师传》中相关的一段记载看，玄奘自己似乎没有到过秣罗矩吒国。玄奘对秣罗矩吒国和布呾洛迦山的记载，应该主要得自于传闻。因此，布呾洛迦山究竟在哪里，实际上很难坐实，我们只能说在印度半岛南端的海边。对于印度，这里有时也称作南海。中国人讲“南海观音”，其中的“南海”，最初所指，并不是今天南中国海的南海，而是印度的南海。都是南海，但位置不一样。

观音菩萨住在布呾洛迦山，其实是佛教早有的传说。印度佛教有一部有名的经典，称作《大方广佛华严经》，简称《华严经》。《华严经》历史上有过好几个译本，其中一个，是唐代的译本，八十卷，翻译者是武后时代从古代于阗国（今

新疆和田）来的僧人实叉难陀。经文中讲到，在印度的福城，有一位善财童子，为了学习佛教，参访各处的菩萨，其中一处就在南方："南方有山，名补怛洛迦。彼有菩萨，名观自在。"实叉难陀来到洛阳的时间比玄奘稍晚一点，他翻译的《华严经》，出自梵文本，因此他也就使用玄奘的"观自在菩萨"的译名。《华严经》传到中国后，一直是一部很受重视的经典，有许多僧人学习和研究，到了这个时候，就形成了中国佛教的华严宗。华严宗以《华严经》作为根本经典，创始人是武后时代的法藏。法藏有一位弟子，名叫慧苑，为了解释《华严经》，编撰了《新译华严经音义》，其中对"补怛洛迦山"的解释是："此翻为小花树山，谓此山中多有小白花树，其花甚香，香气远及也。"这样的解释，出于对经文的理解，也可以接受。因为《华严经》，在后来的民间传说，包括明代著名的小说《西游记》中，善财童子也就成了观音菩萨的侍者，与一位龙女一起，经常随侍在观音的旁边。

新疆库木图拉石窟壁画：观音（公元 7—8 世纪）

中国人对于观音菩萨的崇拜，宋代以后深入到社会的各个阶层。从印度来到中国的所有佛菩萨中，观音温柔而善良，无限慈悲，常常救人于水火，无怪乎会成为中国佛教信徒最喜爱、最有亲近感的一位菩萨。中国民间所讲的“家家观世音，户户阿弥陀”，正是对此的一种形容。

有趣的还有，历史上中国人最崇拜的这几位菩萨，大约从唐代开始，都先后“移民”到了中国，在中国找到了自己的安身之处。首先是文殊菩萨，山西的五台山成为文殊的道场，佛教至今很盛。其次是普贤菩萨，峨眉山成了普贤的道场。再就是观音菩萨，从唐末开始，浙江东海舟山群岛中的一处小岛，有了“不肯去观音”的传说，于是这座小岛被认为是观音应化的道场，这就是今天的普陀山。同时还有安徽的九华山，成了地藏王菩萨的道场。“普陀山”即“布呾洛迦山”。这四处名山，一千多年来一直是中国佛教徒最重要的朝圣之处。来自印度的几位大菩萨，最终都“落户”到了中国，说明什么呢？这至少说明：第一，到了这个时候，佛教已经成为中国人普遍接受的一种信仰；第二，就整个佛教世界而言，中国的佛教有了越来越大的影响，中国在这个时候已经成为佛教在亚洲的另一个中心。

不仅在汉族地区，在西藏，观音菩萨同样有着非常崇高的地位。拉萨的布达拉宫，其中的“布达拉”（Potala）一名，也是来自“布呾洛迦”。西藏佛教的领袖达赖喇嘛住在布达拉宫，就被说成是观音的化身。

因为印度的布呾洛迦山，有了中国浙江东海的普陀山，也有了西藏拉萨的布达拉宫。一位菩萨，三处地名，《大唐西域记》中关于观音的故事又一次说明，历史上中印之间曾经有过怎样多姿多彩的文化交流。

佛牙的故事

佛牙在中外文化交往的历史上演绎出这么多有意思的故事。今天的佛牙，已经成为亚洲有着佛教信仰的国家人民联系感情的纽带之一。

《大唐西域记》卷十一，有“僧伽罗国”一节，僧伽罗国即今天的斯里兰卡。“僧伽罗”一名，是印度俗语 Simghala 的音译。俗语 Simghala、梵语 Siṃhala、巴利语 Sīhaḷa，都来自一个词源，意思是狮子。“狮子”一词，中国古代常常写作“师子”，因此，在玄奘之前，“僧伽罗国”往往也称作“师子国”或“执师子国”。

“僧伽罗”是玄奘的译法，后来被普遍接受。今天的斯里兰卡，主体民族称作僧伽罗族，语言也就称为僧伽罗语。

玄奘在《大唐西域记》里讲，僧伽罗国——或者说斯里兰卡——最初没有佛教，佛去世后的第一个百年里，印度阿育王的弟弟摩醯因陀罗（Mahinda），把佛教传到了斯里兰卡，佛教从此便成为斯里兰卡最重要的宗教。玄奘的这段记载，与斯里兰卡记载的传说基本一致，只是在斯里兰卡的巴利语文献中，摩醯因陀罗不是阿育王的弟弟，而是阿育王的儿子。一般的看法，这个传说有一定的历史依据，基本可以相信。

与印度不一样，两千多年来，在斯里兰卡，佛教从来没有中断过，一直是这个岛国的主流宗教。斯里兰卡历代的国王都信仰佛教，国家和老百姓支持佛教不遗余力。直到今天，也还是这样。因此，在斯里兰卡，佛教寺庙很多，与佛教有关的事物也很多。这其中玄奘提到了佛牙：

> 王宫侧有佛牙精舍，高数百尺，莹以珠珍，饰之奇宝。精舍上建表柱，置钵昙摩罗加大宝，宝光赫奕联晖，照曜昼夜，远望烂若明星。王以佛牙日三灌洗，香水香末，或濯或焚，务极珍奇，式修供养。

佛牙是佛祖释迦牟尼的牙齿。佛牙精舍就是佛牙寺。“钵昙摩罗加”是梵语 padmarāga 的音译，意思是“红莲花色”。

“钵昙摩罗加大宝”指的是红莲花色的宝石，也就是一颗巨大的红宝石。

玄奘虽然讲了这样一些话，但根据他的传记《大慈恩寺三藏法师传》，他并没有到过斯里兰卡，他的记载，得之传闻。中国人中，第一个到过斯里兰卡的，是东晋时代的僧人法显。法显也留下了一部后世很著名的书，名叫《法显传》，记载他自己求法的经历。法显的书中，斯里兰卡就称作“师子国”，佛牙称作“佛齿”。法显讲：

> 城中又起佛齿精舍，皆七宝作。王净修梵行。城内人敬信之情亦笃。

与玄奘不一样，法显是亲眼所见，所以讲得详细而生动：

> 佛齿常以三月中出之。未出前十日，王庄挍大象，使一辩说人着王衣服，骑象上，击鼓唱言：“菩萨从三阿僧祇劫作行，不惜身命，以国、城、妻、子及挑眼与人，割肉贸鸽，截头布施，投身饿

> 虎，不吝髓脑。如是种种苦行为众生，故成佛。在世四十五年，说法教化。令不安者安，不度者度。众生缘尽，乃般泥洹。泥洹已来一千四百九十七岁。世间眼灭，众生长悲。却后十日，佛齿当出，至无畏山精舍。国内道俗欲殖福者，各各平治道路，严饰巷陌，辨众华香、供养之具。”

“庄挍”是个古词，意思是装饰和打扮。“庄挍大象”指的是给大象披上饰物。这里讲，佛牙游行之前十天，国王打扮好大象后，让一位“辩说人”，也就是善于言辞的人，穿上国王的衣服，骑着大象，敲着鼓，高声宣告：释迦牟尼前世，是一位菩萨。菩萨把自己的国家、城池、妻子以及眼睛施舍与人；甚至割下自己的肉，去救鸽子；砍下自己的头，作为布施；还投身饿虎，不吝髓脑。所有这些，都是菩萨舍身布施的故事。所有一切苦行，都是为了众生。菩萨因此而成佛。佛在世四十五年，最后归于“般泥洹”。“般泥洹”也翻译为“大般涅槃”，或者就简单地译为“涅槃”，或者意译为“圆寂”。在法显到达这里的时候，依照斯里兰卡佛教徒的说法，佛祖释迦牟尼涅槃刚好过去了一千四百九十七年。

“辩说人”做了这样的宣告，十天之后，佛牙从“佛齿精舍”被送到无畏山寺。国内的僧人俗人，希望求得福报，于是平整道路，装饰巷陌，准备好各种供养的香花器具。这时国王还要做更多的安排：

斯里兰卡：无畏山寺

如是唱已，王便夹道两边，作菩萨五百身已来种种变现。或作须大拏，或作睒变，或作象王，或作鹿马。如是形像，皆彩画庄挍，状若生人。

“须大拏”是梵语 Sudāna 的音译，意译“善施”。须大拏是佛教故事中的一位王子，他把自己的国家、城池、妻子以及眼睛都施舍给人。《大唐西域记》卷二也记载了须大拏的故事。“睒变”的“变”，这里指的是图画，“睒变”指的是画有“睒子”故事的图画。在佛教的故事中，“睒子”是一位在山中伺候奉养失明双亲的著名孝子。“种种变现”，就是各种图画，画有须大拏、睒子、象王，或者鹿，或者马。国王让人把这些与佛教故事有关的图画陈列在大街的两旁。到了这时，人们才把佛牙从佛牙精舍迎请出来：

然后佛齿乃出，中道而行，随路供养，到无畏精舍佛堂上。道俗云集，烧香然灯。种种法事，昼夜不息。满九十日，乃还城内精舍。城内精舍至斋日则开门户，礼敬如法。

无畏精舍也就是无畏山寺。斯里兰卡古代最著名的佛寺有两座，一座是大寺（Mahāvihāra），一座是无畏山寺（Abhayagirivihāra），到今天也还是这样。两座寺庙都在古都阿努拉达普拉（Anurādhapura）城。两千多年来，斯里兰卡佛教徒崇拜佛牙的传统没有中断。只是佛牙今天已经移到了斯里兰卡中部最大的城市康迪（Kandy）的佛牙寺。每年迎请佛牙，仍然是斯里兰卡佛教最重要的活动之一。

这是斯里兰卡佛牙崇拜的情况。佛教来自印度，佛牙和对佛牙的崇拜最早也都来自印度。佛牙以及佛牙崇拜，从印度和斯里兰卡开始，也传到了中国，成为中国佛教徒信仰的一部分。从中国的南北朝开始，中国的各类史籍中也不时出现有关佛牙的记载。于是佛牙就有了更多的故事。

首先的一个问题是，佛牙如此的神圣和重要，怎么才能从印度或者斯里兰卡得到佛牙？为了达到这个目的，有的中国僧人甚至使用过一些奇怪的或者说不那么正当的手段。唐初的义净，是中国历史上著名的求法僧。义净到印度求法，回国的途中，在今天印度尼西亚的苏门答腊岛上，写过一部书，名叫《大唐西域求法高僧传》，其中讲到一位来自益州青城（今四川都江堰市）的僧人，法名明远，从海路到印度

斯里兰卡康迪：佛牙寺

求法，到了师子洲也就是斯里兰卡：

至师子洲，为君王礼敬，乃潜形阁内，密取佛牙，望归本国，以兴供养。既得入手，翻被夺将。不遂所怀，颇见陵辱，向南印度。传闻师子洲人云往大觉，中方寂无消息，应是在路而终。莫委年几。

明远法师的行为，虽然出于信仰，但毕竟不正当。被人发现，到手的佛牙又被夺了回去，为此受到羞辱。义净由此讲到斯里兰卡僧人们这样守护佛牙：

> 其师子洲防守佛牙异常牢固，置高楼上，几闭重关，锁钥泥封，五官共印。若开一户，则响彻城郭。每日供养，香花遍覆。至心祈请，则牙出花上。或现异光，众皆共睹。传云此洲若失佛牙，并被罗刹之所吞食。为防此患，非常守护。

“罗刹”是传说中的魔鬼。斯里兰卡如果丢失了佛牙，罗刹就会横行。在斯里兰卡人看来，佛牙真是非同小可。

明远盗取佛牙，未能成功，义净对此不无感叹：

> 亦有传云当向支那矣。斯乃圣力遐被，有感便通，岂由人事，强申非分耳！

义净自己，到过印度，但没到过斯里兰卡。当时在印度的中国求法僧很多，僧人们互通消息，义净讲的，估计是来自其他求法僧传达的消息。忖量义净说话的语气，他似乎也很希望，佛牙能够来到中国，也就是这里说的“支那”。

斯里兰卡的佛牙，与中国的关联，尚不止于此。《大唐西域记》写成以后，不久就编入了佛教的大藏经。宋代以前，《大唐西域记》都是以抄本的形式流传，北宋以后，有了刊刻的藏经，也就有了刻印本的《大唐西域记》。明初永乐年间，由永乐皇帝命令刊刻的一部大藏经，历史上称作《永乐北藏》。《永乐北藏》中的《大唐西域记》，其中“僧伽罗国”的“佛牙精舍”一段，与过去不同，有一段新的文字。这段文字，约有五百多字，其中讲，明永乐三年（1405）郑和出使西洋，中间到达过斯里兰卡，在斯里兰卡与当地的国王发生冲突，双方交战，郑和等“执其王”，同时“礼请佛牙至舟”，佛牙“灵异非常，光彩照曜”，“历涉巨海，凡数十万里，风涛不惊，如履平地”，“舟中之人皆安稳快乐”。郑和一行，最后在“永乐九年（1411）七月初九日至京师”。

毋庸置疑，这段文字当然是明代人后加进去的。但这里讲的有关佛牙的事是真的吗？明代文献《明实录》中虽然提到郑和在斯里兰卡与当地国王发生冲突的事，但没有讲到佛牙，因此有人怀疑，这段记载不完全准确。但1959年在西藏布达拉宫发现的一份明成祖致宗喀巴大师的诏书，其中一段，与这段文字几乎一模一样，说明郑和在斯里兰卡获取佛牙确有其事。只是这里仍然还有一个问题：斯里兰卡的佛牙，原来在斯里兰卡，现在也还在斯里兰卡，一直都在，并没有被郑和夺走。这里可能的一种假设是，郑和带回的佛牙，与斯里兰卡长期珍藏的佛牙，不是同一枚。再有的一个问题是，郑和带回的佛牙，后来又去了哪儿呢？永乐十年（1412），郑和刚回到南京不久，永乐皇帝为纪念他的两位母亲，下达敕令，在南京重新修建报恩寺和琉璃塔，当时郑和是工程的主持人。报恩寺和琉璃塔建成后，佛牙会不会就收藏在这里呢？这枚佛牙，此后没有更多的消息。因此这些都只是一种推测，下落不明，则是肯定的。

唐初明远在斯里兰卡盗取佛牙没有成功，明初郑和在斯里兰卡寻得的佛牙下落不明。不过，中国历史上还有其他很多有关佛牙的记载，其中最有名的，是所谓的法献佛牙。

法献是南北朝刘宋时代的僧人。梁代慧皎的《高僧传》卷十三讲，法献在宋元徽三年（475）西行求法，辗转到达于阗（今新疆和田）。因为道路阻隔，无法继续前行，只好返回，但他返回时把从于阗获得的一枚佛牙带到了当时南朝的首都金陵（今南京）。这枚佛牙，法献开始时并未公开。十多年后，被竟陵王萧子良发现，大家才知道。萧子良为此写了《佛牙赞》和《佛牙记》。南齐建武四年（497）法献圆寂，佛牙收藏在金陵的上定林寺。到了萧梁普通三年（522），佛牙被人骗走，不知下落。直到三十五年后陈高祖的时候才被找到。永定元年（557），陈高祖为佛牙举行无遮大会，佛牙从此供奉在皇宫之中。陈为隋所灭，佛牙被送到长安，供养于长安城里的禅定寺。禅定寺后来改名庄严寺，佛牙还在此供奉。唐末黄巢兵起，攻入长安，唐僖宗携佛牙西逃，佛牙被带到益州（今四川成都）。后唐天成二年（927），后唐明宗李亶生日，据守益州的孟知祥把佛牙作为寿礼，佛牙又从益州送到了洛阳。再到后晋天福三年（938），佛牙从洛阳被送到汴京（今河南开封）。后晋开运三年（946）契丹入侵汴京，佛牙被送到真定（今河北正定），从真定再到太原，再到辽国的首都燕京。辽咸雍七年（1071），佛牙被埋藏在北京西山八大处的招仙塔下，这枚佛牙于是从此隐去。直到1900年，在清理招仙塔的残基时，出土一个沉香木匣，木匣上有五代僧人善慧在北汉天会七年（963）所书写的题记，说明木匣中所藏的是佛牙舍利。

上个世纪60年代，历史学家陈援庵先生为此专门做了一番详细的考证，认为这就是法献最早带到汉地的那枚佛牙。如果真是如此，一件佛教的圣物，消失八百多年之后，重新出现，也说得上是一件难得的奇事。这枚佛牙，今天珍藏在北京西山灵光寺的佛牙塔里。塔新建于1960年，当时的中国佛教协会副会长赵朴初居士为此撰写了一篇《重建佛牙舍利塔记》。

另一个故事也是发生在唐代。在明远在斯里兰卡盗取佛牙未果后不到一百年，唐天宝十年（751），一位名叫车奉朝的官员，随唐使回访罽宾国（旧地约在今阿富汗及巴基斯坦一带）。车奉朝到达印度后，在印度的迦湿弥罗国（今克什米尔）出家为僧，法名法界。法界在北天竺、中天竺周游巡礼圣迹，然后在贞元六年（790）回到长安，法界带回中国的，有佛经，还有佛牙舍利。他都献给了皇帝。皇帝赐名悟空。贞元十年（794），佛牙由宫中移入长安的大庄严寺，供奉在新修的佛牙宝塔中。贞元时代的高僧圆照，为此撰写了一篇《新修大庄严寺释迦牟尼佛牙宝塔记》。

悟空带回的佛牙，在唐代还有踪迹可寻，但唐代以后也不知去向。1994年，山东汶上县的太子塔，也出土了佛牙。

有人考证，认为就是悟空带回的佛牙。是或者不是，似乎还需要做进一步的考证。

在中国，记载佛牙的故事还有许多。所有的故事，大多有一个特点：既神圣神奇，又扑朔迷离。佛经中很多地方讲到佛牙。除了佛牙，还有佛指，还有佛顶骨，所有这些，佛教徒都称作舍利或者佛舍利。“舍利”一词，来自梵语 śarīra，意译“身体”或“身骨”。在佛教徒看来，舍利是释迦牟尼留下的圣物，既是虔诚崇拜的对象，同时还具有神异的功能。佛牙的神圣性，往往还会为政治人物所利用。这也不奇怪。不同的人群，对佛牙会有不同的认识。无论怎样说，佛牙在中外文化交往的历史上毕竟演绎出这么多有意思的故事。今天的佛牙，已经成为亚洲有着佛教信仰的国家人民联系感情的纽带之一。北京灵光寺的佛牙，几次出国巡展，受到东南亚各国佛教徒的盛大欢迎。上面所讲的种种故事，说明的不正是这一点吗？

传说篇

香山与无热恼池：大河之水何处来？

人类对世界的认识，像是一条长河，其中的一些片段，即使在今天被证明是误解，但往往一个时期内曾经是认识的起点和基础。

《大唐西域记》卷一，起首有一大段文字，相当于全书的“序论”，主要内容是对世界的一个整体的描述：

> 然则索诃世界（旧曰娑婆世界，又曰娑诃世界，皆讹也）三千大千国土，为一佛之化摄也。今一日月所照临四天下者，据三千大千世界之中，诸佛世尊，皆此垂化，现生现灭，导圣导凡。苏迷卢山（唐言妙高山，旧曰须弥，又曰须弥娄，皆讹略也），四宝合成，在大海中，据金轮上，日月之所照回，诸天之所游舍，七山七海，环峙环列。山间海水，具八功德。

这一段文字，一些词语需要做解释。

首先是“索诃世界”。“索诃”是梵文 Sahā 的音译，有时意译为“忍”或者“堪忍”，“索诃世界”也就译为“忍土”。“索诃世界”就是整个世界，也可以称为“三千大千国土”或者“三千大千世界”。古代的印度人认为，宇宙中不止一个世界，而是有许多世界，世界有大有小，三千只是一个大数而已。汉语中的“世界”这个词，最早来自翻译的佛经。“大千世界”一词，后来也就成为汉语中的一个成语，连人名都可以使用。近代中国著名的画家张大千，出家时法名“大千”，后来成为他的名号。这让人常常忘记这个词最初的来源。

其次是“苏迷卢山”。“苏迷卢”一名，梵文的原文是 Sumeru，意译“妙高”，玄奘之前一般译为“须弥”，也就是“妙高山”或者“须弥山”。“苏迷卢山”是印度传说中最高的山，山体由白银、黄金、颇梨、琉璃四种宝物构成，所以这里说“四宝合成”。整个山坐落在“金轮”之上，日月往返照耀，诸神往来于其间。环绕苏迷卢山，又有七山七海。山与山之间的海水，也不一般，具有八种功德，也就是八种神奇的品质。

这段文字的内容，在今天看来，与我们的常识差得太远，似乎只能说匪夷所思。但是在一千多年前，人类的科学知识不能跟现在相比，对于人类所处的世界，古代印度人有这样的想象，完全可以理解。而且，这不仅是想象，也一度成为一种宇宙观。印度人，也包括信仰佛教的中国人，都曾经接受过这种说法。

不仅如此，宇宙很大，“苏迷卢山”与“七山七海”之外，还有山和海，海中有陆地，称为“洲”，“洲”有四个：

> 七金山外，乃咸海也。海中可居者，大略有四洲焉。东毗提诃洲（旧曰弗婆提，又曰弗于逮，讹也），南赡部洲（旧曰阎浮提洲，又曰剡浮洲，讹也），西瞿陀尼洲（旧曰瞿耶尼，又曰劬伽尼，讹也），北拘卢洲（旧曰郁单越，又曰鸠楼，讹也）。

“四洲”又称“四大洲”或者“四大部洲”，梵名分别是：东毗提诃洲（Videhadvīpa）、南赡部洲（Jambudvīpa）、西瞿陀尼洲（Godāniyadvīpa）、北拘卢洲（Kurudvīpa）。我们一般人居住的地方，是在南赡部洲。

玄奘是佛教徒，玄奘的这段叙述，有佛教的经典作为依据，具体地讲，是佛经《俱舍论》中的《分别世品》。这部经，玄奘在撰写《大唐西域记》后不久，就把它从梵文翻译为了汉文。只是玄奘在上面的叙述中列出这些专名时说，过去的翻译有错，实际上却不是如此。玄奘不了解在他之前早期佛经翻译时印度和中亚语言的情况，所以会有这样的误解。

四大洲的说法，很有想象力。在中国古代，只有战国时代的邹衍在《禹贡》所讲的“九州”基础上提出的“大九州”之说，略略可以与之相比。但就想象力和理论的周密性而言，邹衍的说法，与印度相比，还是差得太远。古代印度人具有的想象力，实在是很夸张。中印文化的差别，在此就能看出来。

四大洲的说法，不仅与宇宙的秩序相关，更要紧的是，还有人文和政治方面的意义。玄奘继续往下讲：

> 金轮王乃化被四天下，银轮王则政隔北拘卢，铜轮王除北拘卢及西瞿陀尼，铁轮王则唯赡部洲。夫轮王者，将即大位，随福所感，有大轮宝，浮空

来应。感有金银铜铁之异，境乃四三二一之差，因其先瑞，即以为号。

所谓轮王，完整的称呼是“转轮圣王”。这是古代印度具有重要政治文化意义的一种说法。为什么称为轮王？印度的说法，是因为国王具备福德，感应所致，“轮宝”就会从天而降。国王福德不一，感应的“轮宝”便有金银铜铁的差别，于是轮王也有四种不同的称号，管辖的地域大小不一。“金轮王”管辖四大洲，银轮王三大洲，铜轮王两大洲，铁轮王则仅仅只有一洲，就是赡部洲。

我们不要小看了“轮王”，尤其是“金轮王”这个称号。“轮王”作为一种政治文化理念，传到中国，很早就被中国的一些帝王所接受。最典型的例子是唐代的武则天。武则天信仰佛教，以佛教作为自己重要的政治思想资源。她先后三次宣布自己是“金轮圣神皇帝”（长寿二年，693）、“越古金轮圣神皇帝”（延载元年，695）以及“天册金轮大圣皇帝”（天册万岁元年，695）。三个圣号，都离不了“金轮”二字。为此武则天两次改元，同时还“作金轮等七宝，每朝会，陈之殿庭”（《资治通鉴》卷二〇五）。武则天把“金轮”应用于中国的政治中，成为一种新的政治符号，目的是要说明，她自己就是神圣无比的“金轮王”。“洋为中用”作为一种政治手段，一千三百多年前的武则天，就已经显示出娴熟的运用技巧。

赡部洲的中央，也不是寻常之地。玄奘继续讲：

> 则赡部洲之中地者，阿那婆答多池也（唐言无热恼。旧曰阿耨达池，讹也）。在香山之南，大雪山之北，周八百里矣。金、银、琉璃、颇胝，饰其岸焉。金沙弥漫，清波皎镜。八地菩萨以愿力故，化为龙王，于中潜宅。出清冷水，给赡部洲。

“阿那婆答多”的梵文原文是 Anavatapata，意思是“无热恼”，“阿那婆答多池”也就称作“无热恼池”。但这也只是古代印度人想象中位于赡部洲中央的一个巨大的湖泊，具体的位置在“香山之南，大雪山之北”。香山只是一种传说，但大雪山确有所指，那就是今天印度北边、中国西边巨大的喜马拉雅山山脉。喜马拉雅山这个名字，来自印度的梵语 Himālaya，意思就是雪山。印度人很早就知道，在喜马拉

恒河之源：印度北阿坎德邦境内喜马拉雅山冰川

雅山的北边，有一些巨大的高山湖泊。这其实就是“无热恼池”传说的由来。

玄奘讲的“香山”，在印度方面虽然只是传说，但这个名字却在中国留下很深的印记。北京西郊的香山不必提了，有名的还有洛阳龙门附近的香山。唐代的诗人白居易曾经居住在这里，他称自己为“香山居士”，白居易因此也就被称作白香山。至于以香山为名，称作“香山寺”的佛教寺庙，在中国各地更有许多。

至于“无热恼池”，玄奘说在香山之南，有的佛经说在香山之上。虽然没有人能够确定究竟在什么地方，或者这不过仅仅只是一种传闻，但依照这样的传说，周长八百里，岸边都是金、银、琉璃、颇胝，“金沙弥漫，清波皎镜”，显然也不是一处平常的地方。龙王居于其中的神话可以不论，重要的是，赡部洲，也就是我们所居住的这片大地上的几条大河，所有清冷之水，据说都来自于此：

> 是以池东面银牛口，流出殑伽河（旧曰恒河，又曰恒伽，讹也），绕池一匝，入东南海。池南面金象口，流出信度河（旧曰辛头河，讹也），绕池一匝，入西南海。池西面琉璃马口，流出缚刍河（旧曰博叉河，讹也），绕池一匝，入西北海。池北面颇胝师子口，流出徙多河（旧曰私陀河，讹也），绕池一匝，入东北海。或曰潜流地下，出积石山，即徙多河之流，为中国之河源云。

“殑伽”一名，是梵文 Gaṅgā 的音译。殑伽河也就是恒

恒河女神与侍从，
拉贾斯坦，8世纪

河，汉语中“恒河”这个译名使用至今。信度河今天则翻译为印度河，名称来自梵文 Sindhu。缚刍河即今天中亚最主要的河流之一的阿姆河。徙多河具体是指哪一条大河，最早似乎有些模糊，多数的情况下，很像是指今天中国新疆境内的叶尔羌河，流入塔克拉玛干沙漠后称作塔里木河。这四条大河，几千年来一直是中亚和南亚地区最重要的河流。四条河发源于何处，在今天很清楚，但在玄奘的时代却是既知道一些，却又不是很清楚。说知道一些，意思是所谓的“无热恼池”，传说指向的方位，在喜马拉雅山的北边，即今天中国的西藏西部，而我们今天知道的四条河的发源之地，或者确实是在这一地区，或者即使不完全在这一地区，其位置离这一地区也不算太远。说不是很清楚，是因为在一千多年前，无论在印度还是在中国，没有人准确地知道，这四条河的源头，究竟在什么地方。

具体地讲，依照今天的地理知识，恒河的源头被确定在今天印度北部的北阿坎德邦境内。上游分别称作巴吉拉蒂河（Bhagirathi R.）和阿拉克南达河（Alaknanda R.）。两条河都起源于喜马拉雅山山麓，起初是涓涓细流，河水往东南流淌，汇入更多的支流，进入北方邦后，成为大河。这与传说中位于“大雪山之北”的“无热恼池”，不能说一点联系没有，只是实际位置与此有一定的距离。

印度河的情况则最接近于事实。印度河发源于中国西藏的阿里地区。印度河的上游称作萨特累季河，流经今天的巴基斯坦。萨特累季河的上游，称作象泉河。象泉河是阿里地区最主要的河流之一。在阿里地区，作为萨特累季河源头的，有象泉河，还有狮泉河。象泉河与狮泉河的名称，追本溯源，其实就与这里讲到的佛教传说有关。青藏高原上最大的几个湖泊，也正是在这附近，其中最大的是玛旁雍错（Ma pham mtsho）。不管是印度人还是藏人，都把玛旁雍错视为圣湖。每年许多印度的朝圣者进入西藏，目的就是到这里来朝圣。这样的朝圣，已经有很久的历史。对于印度人以及佛教徒而言，玛旁雍错就是“无热恼池”。

至于缚刍河，如果认定它是今天的阿姆河的上游，则发源于帕米尔。这里虽然地理上不属于青藏高原，但放在一个大的尺度看，离青藏高原还不算太远。“缚刍河”一名，很可能来自希腊语。缚刍河的流向，确实是向西。

徙多河则有更多的一些故事。“徙多”一名，来自梵文Śīta。玄奘说它从“无热恼池”北面的师子口流出，显然只

帕米尔高原上的缚刍河

是一种想象。如果实在要坐实，一般的看法，可以被指认为今天中国新疆西部的叶尔羌河，流入塔里木盆地后称作塔里木河。依据今天的知识，叶尔羌河实际上发源于今天克什米尔北部喀喇昆仑山脉的喀喇昆仑山口。这个位置，从地理上讲，在青藏高原的边缘。与缚刍河一样，如果以一个大的尺度看，与另外的三条河的距离也还不算太远。

传说中从“无热恼池”流出的徙多河，究竟流向哪里，玄奘虽然讲到了河的情况，但他自己显然也不是很有把握。玄奘讲，河水流入东北海。这与叶尔羌河也就是塔里木河的

上：中国西藏：玛旁雍错
下：印度河之源：西藏象泉河

流向一致。但他又说，或者是“潜流地下，出积石山”，最后成为中国的黄河的源头。前一种说法是为了与印度的传说，同时与“无热恼池”其他三个口分别流出的三条河相协调，但后一种说法则完全来自中国，与中国古代一千多年来寻找的黄河的源头有关。黄河是中国北方最重要的大河，但黄河出自何处在中国古代却一直不清楚。最早也最有影响的是“河出昆仑”的说法，讲的是黄河之水源自昆仑山，最初“潜流地下”，最后从位于今天青海境内的积石山重新流出地面。今天看来，这当然是误解或者说是一种似是而非的猜想，但很长一段时间里却代表了中国人对黄河河源以及中国西部一带地理状况的认识水平。玄奘是中国人，既信仰佛教，又有中国的知识，所以他在印度的“无热恼池”的说法之外，另加上了这样一段话，让中国原有的河源之说也能与此联系在一起。这样的说法，不是玄奘最早提出来，但玄奘把它与徙多河联系在一起，说明了这个传说在当时很有影响。

至于玄奘讲的，四条大河“绕池一匝”，再往四个方向流去，就更是出于一种想象。不过，通过这样的说法，我们可以看到，古代的印度人，也包括一部分中国的佛教徒，当时是怎样理解和解释世界，包括宇宙，也包括山川和河流。

一个上古时代的想象，一种不是没有来由的传说，虽然早已经被我们现代的知识所取代，但其中所反映的东亚和南亚古代的先民对于世界的认识过程和宇宙观，以及其中隐含的政治、宗教和文化的意义，包括他们赋予大自然的神圣感和表现出的一种特殊的敬畏，即使是在今天，是不是仍然值得我们回顾和思考？古代的传说，其实反映出的是历史。人类对世界的认识，像是一条长河，其中的一些片段，即使在今天被证明是误解，但往往一个时期内曾经是认识的起点和基础。回过头来看我们过去的历史，难道很多事不都是这样的吗？

大树仙人与国王的女儿们：曲女城的传说

仙人往河岸边望去，目光顺着树林移动过去，看见梵授王的女儿在河水中嬉戏，原本是世俗人才有的爱欲之心，一下从心中生起。

玄奘《大唐西域记》卷五，讲“五印度”之一的中印度，其中一节，讲到羯若鞠阇国：

> 羯若鞠阇国，周四千余里。国大都城西临殑伽河，其长二十余里，广四五里。城隍坚峻，台阁相望。花林池沼，光鲜澄镜。异方奇货，多聚于此。居人丰乐，家室富饶。花果具繁，稼穑时播。气序和洽，风俗淳质。容貌妍雅，服饰鲜绮。笃学游艺，谈论清远。

羯若鞠阇国“周四千余里”，这在当时显然是个大国。

殑伽河即恒河。羯若鞠阇国的都城，建在恒河的东边。城市的规模不小，城墙高峻，城里有很多漂亮的花园和水池。居民富裕，四方的货物都聚集在这里。“羯若鞠阇”一名，是梵语 Kanyākubja 的音译。这个城市，就是今天印度北方邦的卡瑙季，印地语的名称是 Kanauj。Kanauj 一名，就来自 Kanyākubja，是 Kanyākubja 的现代读音。

玄奘到达印度的时候，羯若鞠阇是一个大国，都城的名字同时也是国家的名字。这座城市，为什么会被称作“羯若鞠阇”，玄奘接下来讲了一个故事：

> 羯若鞠阇国人长寿时，其旧王城号拘苏磨补罗（唐言花宫），王号梵授。福智宿资，文武允备。威慑赡部，声震邻国。具足千子，智勇弘毅。复有百女，仪貌妍雅。

这里说的“长寿”，不是一般人理解的“长寿”，在佛教的说法中，有特别的意思。佛经中讲，世界初创的时候，人的寿命曾经“无量”，但随着时间推移，人心败坏，人的寿命也就逐渐减少，从“无量”到千年，再到数百年，再到百年，最后不过几十年。因此，玄奘这里讲的“长寿”，意思只是说在很久很久以前，那时人的寿命，至少还有数百年。

玄奘说，就是在那个时候，羯若鞠阇国的王城名叫“拘苏磨补罗”，意思是“花宫城”。“拘苏磨补罗”是梵语Kusumapura的音译。“拘苏磨”音译kusuma，意思是“花”。“补罗”音译pura，意思是“城”。这个国家的国王，名叫梵授。“梵授”一名，梵语原文是Brahmadatta，是印度常见的一个人名。梵授王有一千个儿子，智勇双全。还有一百个女儿，仪态娴雅，都很美貌。一千个儿子和一百个女儿，当然是典型的印度神话，世界上大概只有印度人，才会有这样奇特的想象力。

> 时有仙人，居殑伽河侧，栖神入定，经数万岁，形如枯木。游禽栖集，遗尼拘律果于仙人肩上，暑往寒来，垂荫合拱。多历年所，从定而起。欲去其树，恐覆鸟巢。时人美其德，号大树仙人。

仙人一名，梵语的原文ṛṣi。在印度的神话或者传说里，仙人是很特殊的一类人，他们一般住在森林里，基本还算是

卡瑙季附近的
古城堡

凡人，但通过苦行或者修行，往往获得了巨大的“法力”。他们富有知识，古老的经典和诗歌，往往也通过他们而传承下来。对于仙人，普通人必须表示尊敬。

“尼拘律”是梵语 nyagrodha 的音译，就是榕树。“尼拘律果”就是榕树籽。在印度，榕树几乎随处可见，其中一些巨大无比。

这位仙人，住在恒河的岸边，在这里修行。仙人进入禅定已经有几万年，看去就像是一段枯树。鸟儿们在他身上栖息，鸟儿衔来的榕树籽，掉在了他的肩上，暑往寒来，长出的榕树，树荫合拱。这样又过了多少年，仙人从禅定中出来，想抖去肩上的大树，又怕树上的鸟巢倾覆，只好依然一动不动。人们称赞他爱护生命的美德，就称他为“大树仙人”。

> 仙人寓目河滨，游观林薄，见王诸女，相从嬉戏，欲界爱起，染著心生。便诣华宫，欲事礼请。

一天，仙人往河岸边望去，目光顺着树林移动过去，看见梵授王的女儿在河水中嬉戏，原本是世俗人才有的爱欲之心，一下从心中生起。仙人去了王宫，要见国王。

王闻仙至，躬迎慰曰："大仙栖情物外，何能轻举？"仙人曰："我栖林薮，弥积岁时。出定游览。见王诸女，染爱心生，自远来请。"

国王听说仙人来了，赶紧迎接，问道："大仙修行，是世俗之外的人，怎么轻易到我这儿来了呢？"仙人回答说："我在树林里修行，已经有很多年，不久前我从禅定出来，看见您的女儿，于是生出了染爱之心。我想请您把女儿嫁给我。"

王闻其辞，计无所出，谓仙人曰："今还所止，请俟嘉辰。"仙人闻命，遂还林薮。

国王听仙人提出这样的要求，感觉没法回答，只好对仙人说："您先回去吧，请等个好日子。"仙人于是回到自己住的森林。

王乃历问诸女，无肯应娉。王惧仙威，忧愁毁悴。

梵授王一个一个地问他的女儿，没一个愿意嫁给这位仙人。国王想到仙人的威力，很是害怕，忧愁不已，形容十分憔悴。

其幼稚女，候王事隙，从容问曰：“父王千子具足，万国慕化。何故忧愁，如有所惧？”

国王最小的一位女儿，在国王稍微有点空隙的时候，就问国王这是为什么。国王告诉小女儿：

王曰：“大树仙人幸顾求婚，而汝曹辈莫肯从命。仙有威力，能作灾祥。傥不遂心，必起瞋怒。毁国灭祀，辱及先王。深惟此祸，诚有所惧。”

国王说：“大树仙人来求婚，可是你们谁都不愿意嫁给他。仙人是有威力的，可以决定我们的祸福。要是不满足他的要求，他必定发怒。我们的国家就会毁灭，连祖先都会因此受辱。我怕的就是这样的后果啊！”

稚女谢曰：“遗此深忧，我曹罪也。愿以微躯，得延国祚。”

小女儿告诉国王：“这样让父王担惊受怕，都是我们做儿女的罪过。我愿意嫁给仙人，让国家延续下去。”

王闻喜悦，命驾送归。既至仙庐，谢仙人曰：“大仙俯方外之情，垂世间之顾。敢奉稚女，以供洒扫。”

国王于是转忧为喜，让人驾上车，把小女儿送到仙人的住处。国王对仙人说：“大仙俯念世俗之心，垂顾世间。我愿意把我的小女儿献给您，供您使唤。”

仙人见而不悦，乃谓王曰：“轻吾老叟，配此不妍。”王曰：“历问诸女，无肯从命，唯此幼稚，愿充给使。”

可是仙人并不高兴，说：“您是不是看不起我？才把这个并不漂亮的女儿给我。”国王解释说，他问过所有的女儿，都不听话，只有这一位愿意。

> 仙人怀怒，便恶咒曰：“九十九女，一时腰曲。形既毁弊，毕世无婚！”王使往验，果已背伛。从是之后便名曲女城焉。

仙人还是生气了，狠狠地发出恶咒：“那九十九个女子，让她们的腰都弯曲下去，一辈子结不了婚！”国王回去一看，女儿们果然都成了驼背。从此之后，这座城市就被称作“曲女城”。

“曲女”是梵语 Kanyākubja 的意译。玄奘一开始，用的是音译“羯若鞠阇”。“曲女城”也就是“羯若鞠阇城”，如果用大白话讲，那就是“驼背女的城市”。

玄奘讲的，是一个神话故事。在玄奘讲到这个故事之前，印度古代的一部书，叫作《薄伽梵往事书》，书中也讲到了同样的一个故事。故事还出现在古代印度的最著名两部史诗之一的《罗摩衍那》中，只是故事的一些细节和国王以及大神的名字不一样。一个世代流传的故事，流传中往往有所变化，这很自然。故事的大背景，与佛教无关，显示出与婆罗门教或者说印度教有更多的联系。

一位行为有些乖张的“仙人”，加上九十九位不愿意嫁给“仙人”而成为驼背的少女，故事的想象，确实很奇异。但奇异的还不只是这个故事，在印度历史上，曲女城确实也曾经是一个有名的地方。

玄奘留学印度十多年，留学的地方在那烂陀。但他的名声，却不限于那烂陀。他在印度，对他最为欣赏，与他交往最多，同时支持也最大的，是当时印度的戒日王，而戒日王就是玄奘到达印度时统治羯若鞠阇国的国王。

7世纪时，印度小国林立。戒日王的家族，最早不是来自羯若鞠阇国，但他在当时印度大大小小的国家互相的争斗中，通过征战和计谋，夺得了包括羯若鞠阇国在内，北印度和中印度一大片地区的统治权，成为印度势力和影响最大的一位国王。与历史上大多数印度的国王一样，戒日王对宗教持开放的态度，既尊重佛教，也接受印度教。他听说了玄奘的名字，于是专门约见玄奘。

关于玄奘与戒日王首次见面的场景，《大唐西域记》卷五“羯若鞠阇国”一节和《大慈恩寺三藏法师传》卷五都有详细的叙述，其中的一些细节颇有戏剧性：玄奘接受东印度迦摩缕波国拘摩罗王的邀请，离开那烂陀，到了摩缕波国。这时戒日王正在“巡方”，到了中印度的羯朱嗢祇逻国。他听说玄奘在迦摩缕波国，就命令拘摩罗王立即护送玄奘到羯朱嗢祇逻国。于是玄奘与拘摩罗王一起赶到羯朱嗢祇逻国。

玄奘到达羯朱嗢祇逻国当天的晚上，戒日王就与玄奘见面。几句寒暄之后，戒日王问玄奘：“自何国来？将何所欲？”玄奘回答：“从大唐国来，请求佛法。”戒日王又问：“大唐国在何方？经途所亘，去斯远近？”玄奘再回答：“当此东北数万余里，印度所谓摩诃至那国是也。”于是戒日王接下来说，听说“摩诃至那”有一位“秦王天子”，还有一种乐舞，叫作“秦王破阵乐”。玄奘解释，“至那”是以前的国王的国号，现在改朝换代了，称作“大唐”，新的国君没做国君前，称作“秦王”，现在做了国君，则称作“天子”。

对《大唐西域记》中的这段记载，有人提出过疑问：这是不是真有其事？怀疑者认为，戒日王不可能知道有关中国的这些情况，尤其不可能知道“秦王破阵乐”这样的中国乐舞，这或许只是玄奘为了讨好唐太宗而杜撰出来的故事。但怀疑归怀疑，中印之间，在玄奘之前，印度对中国，不会完全不了解，戒日王知道一些中国的情况，也不是不可能。《大唐西域记》和《大慈恩寺三藏法师传》对两人这次会见的描述，其中或许有几分夸张和渲染的成分，但基本的情节应该说还是可信的。

戒日王敬佩玄奘的品德和学问，两人首次见面后，戒日王带着玄奘，回到羯若鞠阇国，特地在都城曲女城举行大会，请玄奘作“论主”，又邀请了印度的十八位国王，三千多位佛教僧人，还有两千多位印度教以及耆那教的信徒出席。玄奘在会上宣读的论文，据说十八天内没有一个人能够出来反驳。佛教大乘的僧人因此给玄奘加了一个美名，叫“大乘天”。小乘的僧人也给玄奘加了一个美名，叫“解脱天”。“天”在印度语言中本来的意思是“神”，用来称呼人，表示极其尊敬和崇仰。玄奘在印度的名声，至此到达顶点。

这次大会，就称作曲女城大会。“曲女城”这个名字，于是更多地跟玄奘联系在了一起。

戒日王见到玄奘，是在唐贞观十五年（641）。就在这一年，戒日王派使者出使中国，国书中自称为摩揭陀国国王，应该是因为戒日王当时统治的地域，也包括中印度的摩揭陀国。中国的《旧唐书》和《新唐书》，都记载了这件事，同时又把戒日王称作“中印度王”。

如此说来，当年中印之间建立外交关系，玄奘也做出了重要的贡献。而他的《大唐西域记》，则告诉了我们一个有关羯若鞠阇国的有趣的传说。我们由此知道了曲女城。而与曲女城有很多关系的戒日王，则不仅是古代印度最著名的国王之一，在中印文化交流的历史上，他显然也有着重要的地位。

一个梦的穿越：烈士故事与唐代传奇

一个印度的故事，以梦作为情节中重要的一环，通过玄奘的《大唐西域记》，来到中国，改头换面，演变为数个大同小异的故事。

《大唐西域记》的卷七，有“婆罗痆斯国”一节，其中提到一处水池：

> 施鹿林东行二三里，至窣堵波。傍有涸池，周八十余步。一名“救命”，又谓“烈士”。

婆罗痆斯国即今天印度北方邦最著名的历史文化名城Varanasi，今天新的译名是瓦拉纳西。施鹿林又称鹿野苑，是释迦牟尼当年初转法轮的地方，因此自古以来是佛教最重要的圣地之一。玄奘讲的窣堵波，就是塔。这座塔，离鹿野苑不远，塔旁的水池也不大，池水已经干涸。水池有两个名

鹿野苑一隅

字，一个是“救命”，还有一个是“烈士”。为什么会有这样的名字？玄奘讲了一个故事：

闻诸土俗曰：数百年前，有一隐士，于此池侧，结庐屏迹。博习伎术，究极神理。能使瓦砾为宝，人畜易形，但未能驭风云，陪仙驾。阅图考古，更求仙术。其方曰：“夫神仙者，长生之术也。

将欲求学，先定其志。筑建坛场，周一丈余。命一烈士，信勇昭著，执长刀，立坛隅，屏息绝言，自昏达旦。求仙者中坛而坐，手按长刀，口诵神咒，收视反听，迟明登仙。所执铦刀，变为宝剑。凌虚履空，王诸仙侣。执剑指麾，所欲皆从。无衰无老，不病不死。”

故事是由“土俗”，也就是当地的老百姓告诉玄奘的。故事里讲，几百年前有一位隐士，修习法术，他的本领，已经能够让瓦砾变宝，人变畜生，但他觉得不满足，因为他还不能驾驭风云，与神仙同游，于是进而求取“仙术”。他得到一个仙方，仙方上讲，要想成仙，需要先建一个“坛场”，然后找一位“烈士”。玄奘在这里讲的“烈士”，不是我们今天理解的“烈士”，而是指勇敢、讲信用的“刚烈之士”。要让这位“烈士”手执长刀，从黄昏到拂晓，不可发出声音。隐士自己，则坐在坛场的中心，口念神咒，屏息视听，到拂晓时分，他就会成仙。那把长刀也将变为宝剑。宝剑所指之处，要什么有什么，他从此就会长生不老，不病不死，而且成为仙人们的首领。于是隐士依照“仙方”，寻找烈士：

> 是人既得仙方，行访烈士。营求旷岁，未谐心愿。后于城中，遇见一人，悲号逐路。隐士睹其相，心甚庆悦，即而慰问，何至怨伤？曰：“我以贫窭，佣力自济。其主见知，特深信用，期满五岁，当酬重赏。于是忍勤苦，忘艰辛。五年将周，一旦违失。既蒙笞辱，又无所得。以此为心，悲悼谁恤！”

隐士寻找数年，没有结果。一次，隐士在城市里，见到一个人，正在路上哭泣。隐士看见他的模样，觉得似乎和要找的人有些相似，于是问他为什么这么伤心。这个人告诉隐士：“我因为贫穷，为人打工。主人很信任我，许诺五年之后给我很高的报酬。我很辛苦，卖力地做事。没想到快到五年的时候，我有了过失，既挨了打，还被羞辱，还一无所得。我想到这事，真是伤心不已！”于是隐士让这个人跟他一块走。

> 隐士命与同游，来至草庐，以术力故，化具肴馔。已而令入池浴，服以新衣。又以五百金钱遗

之，曰："尽当来求，幸无外也。"

隐士把他带到自己住的茅草屋，用幻术变出一堆好饮食，招待他。又让他洗过澡，换上新衣服。再给他五百金钱，说："用完了再来，不必客气。"

自时厥后，数加重赂，潜行阴德，感激其心。烈士屡求效命，以报知己。隐士曰："我求烈士，弥历岁时。幸而会遇，奇貌应图。非有他故，愿一夕不声耳。"烈士曰："死尚不辞，岂徒屏息？"

就这样，隐士多次赠送给烈士重金，烈士感激不已，很想报答他的这位知己。隐士这时才说："我就是要找一位勇敢的人，帮我的忙，事情也不大，只要一夜不说话就行。"烈士回答："我死都不怕，一夜不说话算得了什么呢？"于是隐士建了一座坛场，一切照"仙方"执行。

于是设坛场、受仙法，依方行事，坐待日曛。曛暮之后，各司其务。隐士诵神咒，烈士按铦刀。

殆将晓矣，忽发声叫。是时空中火下，烟焰云蒸。隐士疾引此人入池避难。已而问曰："诚子无声，何以惊叫？"

天色暗下来以后，两人各司其职。隐士念诵神咒，烈士手执利刀。天近拂晓，烈士突然大叫一声，顿时火从天降，浓烟笼罩。隐士赶紧牵住烈士，躲进水池。火烟散去，才问烈士："让你不发声，你为什么惊叫？"烈士回答说：

受命后至夜分，惛然若梦，变异更起。见昔事主，躬来慰谢。感荷厚恩，忍不报语。彼人震怒，遂见杀害。受中阴身，顾尸叹惜，犹愿历世不言，以报厚德。遂见托生南印度大婆罗门家。乃至受胎出胎。备经苦厄，荷恩荷德，尝不出声。洎乎受业、冠婚、丧亲、生子。每念前恩，忍而不语。宗亲戚属，咸见怪异。年过六十有五，我妻谓曰："汝可言矣。若不语者，当杀汝子！"我时惟念，已隔生世，自顾衰老，唯此稚子。因止其妻，令无杀害，遂发此声耳。

烈士讲的是他夜里的经历：到了后夜时分，他昏昏然就像在做梦，梦中他见到过去的主人，主人跟他说话，他没有回答。主人大怒，竟然把他杀死了。他虽然已经死了，处于“中阴”，也就是等待转生但还未转生的状态之中。他看着自己的尸体，还在想，要报答隐士的厚德，绝不说话。这以后他转生到南印度的一位大婆罗门家。投生和出生，经历了种种痛苦，也没有发出一点声音。然后长大，读书、结婚，亲人去世，最后还生下了儿子，都没说话。最后，他已经到了六十五岁，妻子说：“你说话吧。你不说话，我就杀掉你的儿子！”这时他想，时间这么久了，已经是第二辈子了，自己也老了，就这一个儿子。于是他想阻止妻子，一下就发出了声音。隐士叹气，说道：“我之过也。此魔娆耳！”意思这是魔鬼的干扰。故事的最后，也就是水池得名的缘由：

> 烈士感恩，悲事不成，愤恚而死。免火灾难，故曰“救命”。感恩而死，又谓“烈士池”。

与玄奘书中其他许多故事不一样，这个故事不是佛教故事，它没有佛教的背景。虽然我们目前还不能够从印度方面找到一个完全相同的故事来源，但我们也没有理由怀疑玄奘记载的真实性。大概这只是一个口头流传的故事，玄奘说“闻诸土俗”，也有的传本作“闻诸先志”。不管是“闻诸土俗”，还是“闻诸先志”，意思都是从当地人那里听来，玄奘只是在他的书中做了记载。

故事很有印度特点。与这个故事中施惠于人、设立坛场和“无声”这些情节相似的，是印度著名的故事集《故事海》（*Kathāsaritsāgara*）中的《僵尸鬼故事二十五则》（*Vetālapañcaviṃśatikā*）。那里讲的也是一位修道人，每天送一颗内藏宝石的果子给国王，足足送了十年。国王开始不知道，以为很平常，后来偶然一次机会，发现果子里居然全是宝石，于是问修道人有什么要求。修道人也是要求国王，在漆黑的夜里，到他的坛场去，为他从无花果树上搬运一具尸体，到另外的一处地方，搬运中间绝对不能说话。尸体是一位僵尸鬼。国王每次把僵尸鬼扛上肩，僵尸鬼就开始讲故事。故事内容都很有趣，故事讲到结尾，总会有一个悬念。这时僵尸鬼就要问国王一个问题。国王忍不住，就做了回答。国王一说话，尸体立刻就回到了树上去。于是一切重新开始。就这样，僵尸鬼前前后后一共讲了二十五个故事，整个故事由此称作《僵尸鬼故事二十五则》。

在印度，这类在故事情节和叙述格式上相互借鉴的事例很多。佛经里随处可见。不过，两个故事的背景都不是佛教，如果一定要讲宗教背景，可以勉强说是印度教。再有，“烈士故事”有梦，而“僵尸鬼故事”没有梦。二者之间，这是最大的区别。

这样的一个故事，以梦作为构架，敷衍出许多情节，故事发生在印度，同样的，在中国也有类似的故事。

唐代的一部书，名叫《玄怪录》，其中的卷一，记录了一个“杜子春”故事，基本结构与“烈士故事”相似，但文字更长，情节更为周详曲折。原文是文言，译为白话，大致是这样：

北周到隋年间，有一位名叫杜子春的浪荡子，“少落魄，不事家产，然以心气闲纵，嗜酒邪游，资产荡尽，投于亲故，皆以不事事之，故见弃”。一个冬天，杜子春“衣破腹空，徒行长安中”，饥寒交迫中，只能“仰天长吁”。这时过来一位老人，问他为何叹气。杜子春述说了他的遭遇，亲戚们嫌贫爱富，不帮助他。老人问他，你要多少钱才够使用？他说三五万。老人说，再加点吧。一直加下去，最后加到三百万。第二天，老人果然给了杜子春三百万，没留姓名就走了。杜子春有了钱，重新又挥霍起来，一两年间，三百万用尽，再次成为穷人。老人再次出现，再给了杜子春一千万。不到三四年的功夫，杜子春再次挥霍一空。老人又给了三千万。杜子春说，我把家里的事安置好后，一定报答你。老人跟杜子春约定，来年七月十五日的中元节，在华山的两棵古桧树下再见。

杜子春用老人给他的钱，在扬州购地置业，安顿好家人。第二年中元节，杜子春如约来到华山，见到老人。老人领着他，一起登上华山云台峰，来到一处房舍，房舍“彩云遥覆，鸾鹤飞翔，其上有正堂，中有药炉，高九尺余，紫焰光发，灼焕窗户。玉女九人环炉而立，青龙白虎，分据前后”。

这时天色已经暗了下来，老人换了衣服，原来是一位道士。道士“取一虎皮，铺于内西壁，东向而坐”，同时告诫杜子春：“慎勿语，虽尊神、恶鬼、夜叉、猛兽、地狱，及君之亲属为所囚缚，万苦皆非真实，但当不动不语耳，安心莫惧，终无所苦。当一心念吾所言。”说完走了。杜子春环顾庭院，只有一个巨大的水缸，装满了水。

老道刚刚离去，突然之间，“旌旗戈甲，千乘万骑，遍满崖谷，呵叱之声动天”。一位“大将军，身长丈余，人马皆着金甲，光芒射人。亲卫数百人，拔剑张弓，直入堂前”，厉声呵斥道：“汝是何人，敢不避大将军！”“左右竦剑而前，逼问姓名，又问作何物。”杜子春不回答。“问者大怒，催斩，争射之，声如雷，竟不应。将军者拗怒而去。俄而猛虎、毒龙、狻猊、狮子、腹蛇万计，哮吼拿攫而争前，欲搏噬，或跳过其上”。杜子春依然神色不动。

又一会儿，大雨滂沱，雷鸣电闪。“庭际水深丈余，流电吼雷，势若山川开破，不可制止，瞬息之间，波及座下。杜子春依然端坐不动。这时将军再次过来，让牛头狱卒和厉鬼放上一口大锅，锅中沸水翻滚，然后问杜子春：“肯言姓名即放，不肯言，即当心叉取置之镬中。”杜子春还是不回答。

这时鬼怪们又把杜子春的妻子抓来，扔在地上，问道：“言姓名免之。”杜子春还是不回答。鬼怪们用鞭抽打杜子春的妻子，血流不止，再用刀砍，再煮，再烧，痛苦难以忍受。杜子春妻子大声号哭，苦苦哀求杜子春。杜子春还是不说话。将军命令手下人拿来锉碓，从脚开始，一寸寸剉削。杜子春还是不理。将军说：“此贼妖术已成，不可使久在世间。”命令左右将杜子春斩首。

杜子春被斩首以后，也像是在做梦，魂魄被领着，见到阎罗王。阎罗王说：“这不就是云台峰的妖民吗？”阎罗王把杜子春打入地狱，熔铜、铁杖、碓捣、硙磨、火坑、镬汤、刀山、剑林，让他尝试尽所有的痛苦。然而杜子春记住道士的话，不呻吟，也不出声。阎罗王说：“此人阴贼，不合得作男身，宜令作女人。”

于是杜子春被送出地狱，投生到宋州单父县丞王勤的家中。他一生下来，就多病多灾，扎针吃药，没消停过一天，他不说话。一次，他掉进火中，痛苦不堪，也没发声。他渐渐长大，容色绝代，但还是不讲话。家里人都认为他是位哑女。亲戚们种种逗弄，他还是不说话。长大了，他被嫁给同乡的一位姓卢的进士。夫妻感情甚笃，几年之后，生下一个儿子。儿子两岁，聪慧无敌。进士抱着儿子，跟杜子春说话，杜子春还是不答应。多次反复，还是如此。进士因此大怒，说："你不说话，就是看不起我，大丈夫自己的妻子都看不起，要儿子有什么用！"于是抓住儿子的两足，将头摔在石头上，儿子应手而亡，鲜血溅撒到数步之外。杜子春爱子心切，一下忘掉了原来的约定，不觉失声叫了一下"哎呀"。声音未息，杜子春发现自己还坐在原来的地方，道士也出现在面前。

这时刚到五更时分，紫色的火焰穿过屋顶，升入天空，四面火起，房舍一下烧了起来。道士叹息道："措大误余乃如是！"他抓住杜子春的发髻，把杜子春扔进水瓮中。一会火息，道士对杜子春说："你走吧。你喜怒哀惧恶欲都能忘掉，唯有爱不能忘。如果你不叫这一声哎呀，我的丹药就炼成了，你也成为上仙了。可叹啊，仙才真是太难得啊！我的丹药可以重炼，你恐怕就只能留在人间了。你自己好自为之吧！”道士为杜子春指了回去的路。杜子春站在道观的基址上，看见丹炉已经损毁，只剩下一根大如手臂、数尺高的铁柱。

《玄怪录》中的杜子春故事，背景是道教，叙述的文字也很纯熟，乍一看，很难说有印度的痕迹，但故事的立意和结构，却与《大唐西域记》中的烈士故事如此相似，二者之间有联系吗？回答是肯定的，理由有两点。

首先是时间。玄奘的《大唐西域记》，写成的时间，是在贞观二十年（646）。《玄怪录》撰写的准确时间，虽然不是很清楚，但书的作者，一般都认为是牛僧孺。牛僧孺是中唐时期很有名的政治人物，文宗时代做过宰相。牛僧孺生于唐代宗大历十四年（779），卒于唐宣宗大中元年（847）。由此推断，《玄怪录》撰成的时间也在此前后。烈士故事出现在前，杜子春故事出现在后，时间上后者完全有可能模仿前者。

除此之外，还有一个更重要的证据。唐代段成式的《西阳杂俎》，也是一部有名的书。《酉阳杂俎》续集卷四，也有一个“中岳道士顾玄绩”的故事，讲的是唐代天宝年间，中岳的一位道士，名叫顾玄绩，用金钱结交一人，“一年中输数百金”。两人成为朋友后，顾玄绩请这人帮助他炼制金丹。两人登上中岳山，顾玄绩告诉他的这位朋友说，你守住丹灶，“一夕不言，则济吾事”。夜里五更时分，也是来了“铁骑”数人，让他回避，他不为所动。一会，又来了一位像是“王者”的人，仪卫甚盛。问他话，他依然不回答。王者“令左右斩之”。一切像做梦一样，他转生到一位大商人家中。直到长大，他想到当年的约定，依然不说话。然后他结了婚，生下三个儿子。一天，妻子哭着说：“君竟不言，我何用男女为！”妻子一生气，竟然杀掉了所有的儿子。他惊呼起来，一下从梦中醒了过来，丹炉炸开，金丹飞出，不知去向。

这样的情节，与杜子春故事几乎完全一样，只是简单许多。两个故事虽然主人公的名字不同，但实在很难说有更多的差异。段成式讲完这个故事，紧接着就全文引用了《大唐西域记》中的烈士故事，最后做出一个结论，认为前者不过是“传此之误，遂为中岳道士”。

唐代的学者中，段成式以见识广博著称，《酉阳杂俎》一书最能显示他的这个特点。段成式大约生于唐德宗贞元十九年（803）或稍后，卒于唐懿宗咸通四年（863）。他的《酉阳杂俎》，撰成大约在咸通初年（860）前后。段成式与牛僧孺几乎活动在同一时代，《酉阳杂俎》与《玄怪录》写成的时间，也大致相同。只是《玄怪录》中的故事，在情节和文学性上都明显比《酉阳杂俎》中的顾玄绩故事显得更成熟一些。也许是前者模仿后者，也许是直接模仿《大唐西域记》，也许二者都是直接模仿《大唐西域记》，不管怎样，追本溯源，只有一个来源，那就是《大唐西域记》中的烈士故事。

同样的故事，其实也出现在唐代的另一部书《河东记》里，情节相似，只是地点换成了王屋山，人物也换了名字，道士仍然是道士，名叫萧洞玄，与道士配合的人，名叫终无为。故事最后的结局也完全一样。萧洞玄与终无为两个名字，明显是要更加突出道教的意义。《河东记》的作者，有说是唐代薛渔思，原书不存，故事见于《太平广记》卷四十四。

唐代流传的这三个故事，人物与情节大同小异。其中杜子春的故事叙述最为起伏跌宕，最吸引人，因此明清时代又被敷衍成几种戏剧。冯梦龙编撰《醒世恒言》，也做过改写，题名为《杜子春三入长安》。

这样的改写，到了近代还没完结。日本大正时代著名的作家芥川龙之介，是撰写“怪异小说”的名家，他的一篇小说，就叫《杜子春》。类似的改写和改编，一直持续到今天。2013年9月，在北京上演的一台新编话剧，剧名《杜子春》，可以说是杜子春故事的最新版本。2014年6月，话剧《杜子春》再次在北京大学的百年大讲堂演出。

一个印度的故事，以梦作为情节中重要的一环，通过玄奘的《大唐西域记》，来到中国，改头换面，演变为数个大同小异的故事，人物变了，细节也变了，时间穿越千年，地域跨越万里，成为中国故事，甚至成为中国古典文学中的经典，这不能不说是一件奇事。

婆罗痆斯国的鹿野苑至今遗迹犹在，只是没有人知道烈士池在今天的什么地方，但这个由印度的烈士故事演变而来的中国的杜子春故事，直到今天，还不断被人提及，甚至演出，原因何在？是不是因为故事的奇异以及故事中反映出来的人性，时日虽久，依然能够让人从中解读出现实的意义？

三兽之塔：玉兔何事居月宫

不管在中国，还是在印度，“月中有兔”原本只是一种神话性质的想象。从神话到现实，中国的玉兔今天真的登上了月亮。

嫦娥奔月和月中玉兔的故事，在中国已经流传了很久。故事最早出现在什么时候，怎么来的，不是很清楚。现在可以找到的最主要的根据，是西汉时代写成的《淮南子》，其中的《览冥训》一章，讲到“羿请不死之药于西王母，姮娥窃以奔月”，这被认为是文献方面最早的记载。近年来在考古中发现的秦简中，也发现了“恒我窃毋死之（药）”一句话，说明故事的起源应该还更早一些，可以追溯到秦代。

姮娥就是后来的嫦娥，这没有问题。但是故事中没有提到兔子。月亮中究竟什么时候有了兔子，什么时候开始兔子与嫦娥作伴，却说不太清楚。

不过，在秦代以前的中国人的想象中，月亮上也并不是没有东西。战国时代的屈原，写过《天问》，内容恢怪神奇，问到一百七十多个问题，其中就涉及月亮："夜光何德，死则又育？厥利惟何，而顾菟在腹？"什么是"顾菟"？汉代的王逸，把"顾菟"解释为兔子，乍看起来，似乎有一些道理。但后来的学者，觉得王逸的解释，根据不可靠，提出怀疑。近代的闻一多先生认为不是兔子，是蟾蜍。闻一多的说法，现在已经被很多人接受。

但月中有兔的说法确实也很早，至少可以早至西汉前期。20世纪70年代，湖南长沙马王堆发现西汉轪侯利苍一家的三座墓。其中一号墓的墓主是利苍的妻子，墓中出土了极其精美的帛画。帛画中描画有月亮，月亮的旁边，还描画了一位飞升的女子，再有蟾蜍，再有玉兔。这飞升的女子，显然就是嫦娥。

嫦娥、蟾蜍和玉兔，是中国的故事，很有幻想和浪漫的色彩。但这个故事却不只是中国所独有，类似的故事，在印度也有。唐代到印度求法的玄奘，就讲到了另外一个兔子与月亮的故事。

玄奘的《大唐西域记》卷七，记载印度中部的几个国家，其中一个是"婆罗痆斯国"，也就是今天印度北方邦的瓦拉纳西（Varanasi）。婆罗痆斯国都城不远，有一处地方，名叫鹿野苑，当年佛祖释迦牟尼创立佛教以后，初转法轮，也就是在这里。玄奘讲，在鹿野苑的附近，他见到一处水池，称作“烈士池”。池的旁边，有一座塔。与塔相关的，则有一个故事：

> 烈士池西有三兽窣堵波，是如来修菩萨行时烧身之处。劫初时，于此林野，有狐、兔、猨，异类相悦。时天帝释欲验修菩萨行者，降灵应化，为一老夫，谓三兽曰：“二三子善安隐乎？无惊惧耶？”曰：“涉丰草，游茂林。异类同欢，既安且乐。”老夫曰：“闻二三子情厚意密，忘其老弊，故此远寻。今正饥乏，何以馈食？”曰：“幸少留此，我躬驰访。”

玄奘在这里用的词语，有几个需要稍稍做一点解释。

首先是“窣堵波”。“窣堵波”是梵语 stupa 的音译，一般的翻译为塔。塔是早有的译名，玄奘翻译印度的词语，常常拟出一些新的译名，“窣堵波”是其中一例。“三兽窣堵波”

就是“三兽之塔”。

其次是“天帝释”。天帝释的另一个名字是因陀罗，因陀罗是印度最古老的大神之一，在佛教出现以前就有了。天帝释本来不属于佛教，佛教后来把他拉进了自己的神殿，成为释迦牟尼的一位护法神。

再有“劫初”。这也是佛教的用语，指的是很久很久以前，世界形成之初。

故事的主角，是这三只动物：狐狸、兔子和猴子。“降灵应化”的天帝释，变化为一位老人，来到三只动物前，一番问候之后，说他饿了，希望能有点吃的。三只动物二话没说，一致答应为老人去找吃的。

> 于是同心虚己，分路营求。狐沿水滨，衔一鲜鲤。猨于林树，采异花果。俱来至止，同进老夫。唯兔空还，游跃左右。

狐狸从河边逮来一条活鲤鱼，猴子从树上摘来花果，唯有兔子没有收获，空手而归，只能在老人左右徘徊。于是化身为老人的天帝释嘲笑他们：

老夫谓曰："以吾观之，尔曹未和。猨狐同志，各能役心。唯兔空返，独无相馈。以此言之，诚可知也。"

听到这样的话，兔子很不服气：

兔闻讥议，谓狐、猨曰："多聚樵苏，方有所作。"狐、猨竞驰，衔草曳木。既已蕴崇，猛焰将炽。兔曰："仁者，我身卑劣，所求难遂。敢以微躬，充此一餐！"辞毕入火，寻即致死。

干草和树木堆好，点上了火，这时兔子对老人说："老人家啊！我很卑微，无法满足您的要求。我只能用我小小的身体，成为您的一顿餐食吧！"说完这话，兔子跳进火中，一下就被烧死了。

是时老夫复帝释身，除烬收骸，伤叹良久。谓狐、猨曰："一何至此！吾感其心，不泯其迹，寄之月轮，传乎后世！"故彼咸言，月中之兔，自斯而有。后人于此建窣堵波。

老人十分感动，一下恢复了天帝释的原形，从灰烬中收拾出兔子的遗体，感叹了好久，最后对狐狸和猴子说，他被兔子的精神所感动，决定把兔子放到月亮上去，让后世的人都知道这件事。从此月中就有了兔子。玄奘到这个地方的时候，发现有人为此在这里建了一座塔，他听到了这个故事，因此把这座塔称作“三兽窣堵波”。

今天的鹿野苑，早已成为佛教最有名的圣地之一，也是印度的一处重要历史遗址。过去一百年中，考古学者在这里曾经做过大规模的发掘，发现有很多处“窣堵波”的遗迹，但其中哪一处会是“三兽窣堵波”，却无法知道。我们现在知道的，只有《大唐西域记》中记载的这个故事。

这就是印度的月兔故事。兔子一词，印度的梵语词是 śaśa。因为兔子“寄之月轮”，梵语中对月亮的称呼，好些都与兔子有关。梵语中月亮可以称作 śaśadhara 或是 śaśabhṛt，意思是“有兔子的”；还可以称作 śaśabindu，意思是“兔子在上面的”；也可以称作 śaśāṅka 或 śaśalakṣaṇa，意思是“以兔子为标识的”。所有这些都说明，月中有兔，是印度很早很早就有的故事。而且还说明，故事原来并不只是佛教所专有。只是因为玄奘是一位佛教徒，他讲的故事，所以有佛教的背景。

中国的古代，翻译过大量的佛经。在汉译的佛经里，兔子烧身供养的故事并不少见，完整的至少就有四处：一处是三国时代从康居来的僧人僧会翻译的《六度集经》；再一处是西晋竺法护翻译的《生经》；还有一处是北魏时代西域僧人吉迦夜和中国僧人昙曜译出的《杂宝藏经》；还有一处是《撰集百缘经》，译者被认为是三国时代的支谦，但究竟是不是还有些问题。不过，在汉译佛经的这几个故事中，《六度集经》讲到的是狐狸、水獭、猴子和兔子，其他都只讲到兔子。所有故事，都有兔子烧身供养的情节，却都没有提到月亮。既讲到兔子烧身供养，同时还提到月亮的故事的佛经也有，但不是汉译佛经，而是称作《本生经》的巴利文佛经，也就是巴利文《本生经》的第316个故事，称作《兔子本生》。

巴利文的《本生经》，在中国古代没有翻译过，不过前些年有了中文的选译本，选译本收入了《兔子本生》一节。

新疆克孜尔13窟壁画：兔子烧身供养帝释天

故事稍长一些，整体的情节跟玄奘讲的大致一样。故事中的动物是四种：兔子和猴子不变，狐狸变为胡狼，还增加了一只水獭。这与《六度集经》几乎完全一样。故事发生的地点仍然是在婆罗痆斯国，帝释天仍然出现，但不是化身为“老夫”，而是化身为一位婆罗门。兔子也纵身跳入火中，但没有被烧死，而是在跳入火中的那一刻，帝释天说出了自己的身份，同时说，他只是要考验兔子是否真心愿意施舍。帝释天赞扬兔子的功德，最后在月亮上画了一个兔子的形象（郭良鋆、黄宝生：《佛本生故事选》，人民文学出版社，第188-191页）。这样的结局，与玄奘讲的“吾感其心，不泯其迹，寄之月轮，传乎后世”完全一样。

在这一组大同小异的故事里，兔子都被说成是菩萨的化身。故事的主题是要说明，施舍是一种功德，人要成为菩萨，便应该施舍，甚至为此舍弃自己的生命。这样的主题，在佛教故事中十分常见。

这样看来，印度的这个月兔的故事，不管有佛教的背景还是没有佛教的背景，不管是古代汉译的文本还是巴利语的文本，基本情节都一样。在印度，这个故事的来源，显然很古老。中国和印度，两千年来，有许多交往，于是自然就引出一个新的问题：印度和中国，讲到月亮，都认为月中有兔，两边的故事都很古老，二者之间，会有联系吗？

对于这个问题，有两种看法：一种认为有，代表是北京大学的季羡林先生；一种认为没有，代表是北京师范大学的钟敬文先生。

季羡林先生的解释比较简单，他说："根据这个故事在印度起源之古、传布之广、典籍中记载之多，说它起源于印度，是比较合理的。"（《中印文化交流史》，新华出版社，1991，第11页）季先生这样的看法，在不止一个地方表达过。

但钟敬文先生得到的结论却不同。钟先生承认，中印都有同样的故事，不过"像有些学者所指出，月亮里有兔子的传说，不但中国、印度有，就是和我们远隔重洋，很少交往的古代墨西哥也有，南非洲的祖鲁兰德那里也一样流行着这种传说。产生在中国纪元前的月兔神话，为什么一定是从印度输入的呢？"

钟先生仔细分析了嫦娥和月兔的故事，最后得出的结论是："根据现在考古学的新材料，在我国西汉初年就已经流行的月兔神话，却未必是从次大陆传来的进口货。除了这种传说从东半球到西半球各民族间都存在着和它在中国流传时代比较早的理由之外，从传说的内容看，尤其不能承认印度输入说。因为印度传说带有深厚的佛家说教色彩。中国早期关于月兔的说法，却不见有这种痕迹（中国这方面，原来没有比较具体的故事，后来虽有‘月中捣药’的文献和实物的图像，但时代较迟，而且也跟‘修菩萨行’的印度兔子不相类，它倒是近于本土道教思想的产儿）。这是判定月兔是否输入品问题的关键。”（《马王堆汉墓帛画的神话史意义》，《钟敬文学术论著自选集》，首都师范大学出版社，1994，第263–264页）。

两种意见，钟先生的理由似乎更充分一些。中国方面的故事，虽然情节相对简单，但在中国出现得很早。那个时候，中印之间会有一些联系，但联系毕竟不多，在文献中基本找不到记载。月中的嫦娥与蟾蜍，则是中国的独创。印度方面的故事，情节完整而曲折，有浓厚的宗教意味。作为故事而出现，或许比中国更早，但真正完整地被介绍到中国来，已经是在玄奘的时代。那个时候，月兔的故事在中国已经比较成熟。

那么，究竟是因为什么，在这么早的时候，中国和印度都有了月中有兔的神话？钟先生的解释是“暂时只能以比较常识性的‘阴影说’为满足”。中印两国的月兔故事，虽然很有些相似，但视作是两边平行发展的结果可能更合适一些。

月兔的故事讲到这里，似乎已经可以结束，但新的故事其实却刚刚开始。北京时间2013年12月2日1时30分，中国最新的一颗探月卫星升空，探月卫星带有一架月球着陆器和一辆月球车。此前中国发射的两颗探月卫星，分别称作“嫦娥一号”和“嫦娥二号”，这次升空的，则是“嫦娥三号”。与前两次不一样的是，这次发射的探月卫星，带有一辆月球车，名字就叫“玉兔号”。12月6日17时53分，嫦娥三号进入近月轨道。12月14日21时11分，月球着陆器在月球表面成功着陆。12月15日4时35分，玉兔号从着陆器分离，开始工作。玉兔号在月球上前后行走一百多米，开展研究工作。玉兔号预期服役3个月，实际上超长服役两年多，在月球上一直工作到2016年7月31日，前后一共972天。

不管在中国，还是在印度，“月中有兔”原本只是一种神话性质的想象。从神话到现实，中国的玉兔如今真地登上了月亮。我们仰望夜空，不由得不又一次想到这个古老而浪漫的神话故事。

书生的花树奇缘：一座古城的传说

书生、仙翁、娇女、花树，惆怅与惊喜，迟暮荒野，眨眼之间，一株大树就幻变为一座大宅，故事为这段婚姻营造出一种神奇浪漫、温馨和谐的气氛。

巴特那（Patna）今天在印度是一座不小的城市。在玄奘的《大唐西域记》里，巴特那被称作“波吒厘子城”。《大唐西域记》卷八讲到这座城市：

> 殑伽河南有故城，周七十余里。荒芜虽久，基址尚在。昔者人寿无量岁时，号拘苏摩补罗城（唐言香花宫城）。王宫多花，故以名焉。逮乎人寿数千岁，更名波吒厘子城（旧曰巴连弗邑，讹也）。

“殑伽河”就是恒河，梵语是Gaṅgā，翻译为“殑伽”，是玄奘的译法。“拘苏摩补罗”的梵语是Kusumapura。

kusuma 音译“拘苏摩”，意思是花；pura 音译“补罗”，意思是城，合起来就是“香花宫城”。“波咤厘”是梵语 Pāṭali 的音译，putra 则是意译，意思是“儿子”，两个词合起来成为 Pāṭaliputra，翻译为“波吒厘子”。在印度，这是一种树的名称。这个名称，再加上“城”字，翻译为“波吒厘子城”。玄奘这里的翻译，既有音译，也有意译。

“人寿无量岁”和“人寿数千岁”是佛经中常常可以见到的一种说法。佛教认为，天地初成时，人寿有无量岁，但随着时间推移，世界渐渐变坏，人的寿命渐渐减少，从无量到数千，最后只有几十岁。不过，说“人寿数千岁”，意思是指很久很久以前。

“波吒厘子城”一名，是玄奘的翻译。东晋时代的法显，也曾经到过这座城市。法显的翻译是“巴连弗邑”。玄奘此处说“讹也”，一定程度上是误解。在汉译的佛经中，“波吒厘子城”更多地翻译为“华氏城”。“华”就是“花”，“华氏”完全是意译。“华氏城”因此只是“波吒厘子城”的另一种译名。

“拘苏摩补罗城”为什么会改名为“波吒厘子城”，玄奘讲了一个故事：

巴特那旧城遗址

初，有婆罗门，高才博学，门人数千，传以授受业。诸学徒相从游观，有一书生，徘徊怅望。同俦谓曰："夫何忧乎？"曰："盛色方刚，羁游履影。岁月已积，艺业无成。顾此为言，忧心弥剧。"

婆罗门是古代印度最高的种姓，主管祭祀，也掌握知识。这里说，曾经有一位博学的婆罗门，跟随他学习的学生有数千人。一次，同学们结伴出外游玩。其中的一位书生，徘徊惆怅。同伴们问他为什么发愁，他回答说："我正当壮年，形单影只，游学在外，岁月已久，可是学业和家业都没有成就。一想到这事，我的心情就很沉重。"

于是学徒戏言之曰："今将子求娉婚亲。"乃假立二人为男父母，二人为女父母，遂坐波吒厘树，谓女婿树也。采时果，酌清流，陈婚姻之绪，请好合之期。时假女父攀花枝以授书生曰："斯嘉偶也，幸无辞焉！"

同学们于是跟他开玩笑，要为书生娶亲。两位同学扮作男方的父母，两位扮演女方的父母。大家坐在"波吒厘树"的树下。"波吒厘树"又称"女婿树"。大家采来新鲜的水果，从河里酌来清水，有人提亲，有人请问婚期。这时扮作女方父亲的人折下花枝，递给书生，说："这就是你最好的妻子啊，请你不要推辞！"书生听了这话，十分高兴：

书生之心，欣然自得。日暮言归，怀恋而止。学徒曰："前言戏耳，幸可同归。林中猛兽，恐相残害。”书生遂留，往来树侧。

很快，暮色降临，已经到了回归的时候，可是书生依然恋恋不舍。同学们说：“我们刚才说的都是玩笑话，我们都回去吧！树林中猛兽很多，恐怕会伤害人的。”但书生还是留了下来，在树边徘徊：

景夕之后，异光烛野，管弦清雅，帷帐陈列。俄见老翁策杖来慰。复有一妪，携引少女，并宾从盈路，袨服奏乐。翁乃指少女曰：“此君之弱室也。”酣歌乐宴，经七日焉。

天黑以后，奇异的光亮突然映照原野，传来清雅的音乐，原野上帷帐排列。不一会儿，一位老翁拄着拐杖，一位老太太领着一位少女，一起来的还有许多客人。老翁指着少女，对书生说：“这就是你的妻子啊。”大家唱歌饮酒，一下子就过去了七天。

学徒疑为兽害，往而求之，乃见独坐树阴，若对上客。告与同归，辞不从命。

同学们怀疑书生是不是已经被野兽所害，于是又回去寻找，看见书生还坐在树荫之下，仿佛对面还有客人。让他回去，他不愿意。

后自入城，拜谒亲故。说其始末，闻者惊骇。与诸友人，同往林中，咸见花树是一大第。僮仆役使，驱驰往来，而彼老翁，从容接对，陈馔奏乐，宾主礼备。诸友还城，具告远近。

到了后来，书生自己回到城里，见到亲友，把前后的经过讲了。听到这事的人大惊，于是与朋友们一起来到树林，发现花树原来是一座大宅，仆人们来来往往。一位老翁从容地在接待客人，正摆着宴席，奏着音乐。朋友们回到城里，把消息传告给大家。

期岁之后，生一子男。谓其妻曰："吾今欲归，未忍离阻。适复留止，栖寄飘露。"其妻既闻，具以白父。翁谓书生曰："人生行乐，讵必故乡？今将筑室，宜无异志。"

一年以后，夫妻俩生下一个男孩。书生对妻子说："我很想回老家，但又离不开你们。要是继续留在这儿，就好像还是在外漂流。"妻子把这事告诉了父亲。老翁对书生说："人生行乐，何必一定要在故乡呢？我现在为你们修筑一座城市吧，你也就不要再有其他想法了。"

于是役使灵徒，功成不日。香花旧城，迁都此邑。由彼子故，神为筑城，自尔之后因名波吒厘子城焉。

老翁于是指挥神工，数日之后，新城建成，旧城也迁移到新城。这座城因此称作"波吒厘子城"。

故事就这样结束。故事的情节并不复杂，从书生游学在外，惆怅落寞开始讲起，到同伴游戏，再到天降良缘，仙翁嫁女，一片温情，很是动人。然后再到仙翁为了留住佳婿，运用神功，修筑新城，一切都显得十分美好。所有一切，又都发生在波吒厘子树下。波吒厘子树本是印度常见的一种乔木，树干粗大，春夏开花，花色浅红，状如小喇叭，盛开时远望如一团氤氲粉色的云。书生、仙翁、娇女、花树，惆怅与惊喜，迟暮荒野，眨眼之间，一株大树就幻变为一座大宅，所有的人和事，与故事的情节结合在一起，都为这段婚姻营造出一种神奇浪漫、温馨和谐的气氛。

故事中的这些情节，是不是很有些像《聊斋志异》里某位书生山林中偶遇佳人，相互爱慕而最后结合在一起的故事？《聊斋志异》的时代当然晚了很多，说像《聊斋志异》，还不如说《聊斋志异》中有这个故事的影子。我们不知道蒲松龄是不是也读过《大唐西域记》，但蒲松龄一生，博览群书，因此也不是没有可能。

玄奘在这里讲的，当然只是一个神话故事，但波吒厘子城却是真实的存在。不仅存在，还曾经是印度历史上最伟大的城市之一。古代印度的摩揭陀国，很长一段时期，以波吒厘子城为首都。在孔雀王朝（约公元前 334 年—前 187 年）以及其后很长一个时段，波吒厘子城更成为印度的政治文化中心。最早访问这座城市并留下记载的是一位希腊人，名叫麦加斯梯尼（Megasthenes）。他作为当时希腊人在西亚建立的塞琉古王国，也就是《史记》和《汉书》中讲的“条支”国的大使，出使摩揭陀国，住在波吒厘子城。麦加斯梯尼留下了一部著作《印度记》，记载他在印度的见闻。不过这部书早已佚失，只能在希腊以及罗马的古典作家的著作中见到一点片段。

其后就是中国的法显。法显没有提到玄奘所说的故事，但对城市做了一段描述：“巴连弗邑是阿育王所治。城中王宫殿皆使鬼神作，累石起墙阙，雕文刻镂，非世所造，今故现在。”阿育王是孔雀王朝的第三位国王，也被认为是印度历史上最伟大的国王。在佛教的传说中，阿育王既是一位虔诚的佛教徒，更是最伟大的护法大王。再后就是玄奘的记载。

波吒厘子城（Pāṭaliputra）这个名字，经过一千多年，被简化为今天印地语的巴特那（Patna）。古代摩揭陀国，地域大致与今天印度的比哈尔邦相当。巴特那地处比哈尔邦的中心，至今仍然是比哈尔邦的首府，但城市的面貌发生了巨大的变化，街道纵横，房屋密集，人口将近一百七十万。当年的古城，只在城郊留下不多的一点遗址。时越千年，世事沧桑，在这座古老的城市里，没有变的，大概也就只有玄奘故事

巴特那旧城：孔雀王朝遗物

里讲到的波吒厘子树，每年依然花开花谢，灿烂如同往日。

一段美好而又奇异的姻缘，一座历史悠久的城市，玄奘不仅为我们讲述了一个动人的故事，同时也记载了与这座印度古代的名城得名相关的神话传说。而且有些奇怪的是，这样的一个故事，在印度方面，却至今没有找到记录。这再次证明，对于研究印度古代的历史、地理、宗教及神话传说，《大唐西域记》真有不可替代的价值。

狮子王与他的儿子：斯里兰卡的建国传说

故事讲的，其实不仅仅是一个与古老国家相关的神话传说，情节虽然奇异，背后表现的其实还是人类最基本的感情。

《大唐西域记》卷十一，首先讲到的国家是“僧伽罗国”。僧伽罗国就是今天的斯里兰卡：

> 僧伽罗国，周七千余里。国大都城，周四十余里。土地沃壤，气序温暑。稼穑时播，花果具繁。人户殷盛，家产富饶。其形卑黑，其性犷烈。好学尚德，崇善勤福。

“僧伽罗”一词，是印度俗语 Simghala 的音译，梵文则写作 Siṃhala。Siṃha 在梵语里的意思是狮子，Siṃhala 的意思可以解释为“执狮子”或者“捉住狮子”。“僧伽罗”是斯里兰卡的古称。玄奘讲到了僧伽罗国得名的来由：

> 此国本宝渚也，多有珍宝，栖止鬼神。其后南印度有一国王，女娉邻国，吉日送归，路逢师子，侍卫之徒，弃女逃难。女居舆中，心甘丧命。时师子王负女而去，入深山，处幽谷，捕鹿采果，以时资给。既积岁月，遂孕男女，形貌同人，性种畜也。

斯里兰卡自古以来以出产宝石著名，鬼神守护宝石，是斯里兰卡古老的传说。“师子”就是狮子。汉字中最早没有“狮”字。在古代中国，师子是一种外来动物，“师子”因此是一个译音词。因为是野兽，“师子”的“师”，后来加上了“犬”字旁，成为“狮子”。

这位南印度国王的女儿，在出嫁邻国的途中，被狮子王劫夺而去，不过狮子王并没有伤害她，相反却用捕捉来的食物，供养女子。女子与狮子住在一起，日子长了，生下一男一女。孩子的相貌长得跟人一样，但性格却像野兽。人兽相交，诞生后代的传说，在古代的印度，也包括南亚的其他国家有很多，这样的故事不算奇怪。

> 男渐长大，力格猛兽。年方弱冠，人智斯发，谓其母曰：“我何谓乎？父则野兽，母乃是人。既非族类，如何配偶？”母乃述昔事，以告其子。子曰：“人畜殊途，宜速逃逝。”母曰：“我先已逃，不能自济。”

男孩渐渐长大，力气巨大，足以跟猛兽格斗。他成年之后，懂事了，于是问他的母亲：“为什么我的父亲是野兽，而你是人？这是怎么回事啊？”母亲把过去的事告诉了儿子。儿子说：“人与野兽，不是同类，我们赶紧逃走吧。”母亲说：“我以前也尝试逃过，只是我自己一个人很难成功。”

> 其子于后，逐师子父，登山逾岭，察其游止，可以逃难。伺父去已，遂担负母妹，下趋人里。母曰：“宜各慎密，勿说事源。人或知闻，轻鄙我等。”

于是儿子跟随父亲狮子王，登山越岭，终于发现了一个可以逃走的机会。趁狮子王不在，儿子便背负着母亲和妹妹，来到人类住的村庄。这时母亲告诫儿子说："我们各自要小心，不要把我们的来历讲出去。要是让人知道了，大家恐怕会看不起我们。"这样，他们渐渐地到了母亲的家乡，也就是儿子外祖父的国家。

> 于是至父本国，国非家族，宗祀已灭。投寄邑人，人谓之曰："尔曹何国人也？"曰："我本此国，流离异域。子母相携，来归故里。"人皆哀愍，更共资给。

但是，老国王早已去世，国家已经不再属于他们的家族，他们的亲友也都没有了。他们只好投宿在城里的人家，人们问他们是哪一个国家的人，他们回答说："我们原本就是这个国家的人，长久流落外国，现在我们母子一起回到了家乡。"大家一听这样说，都很同情他们，为他们提供帮助。不过，在山里的狮子王却是另外一种情况：

> 其师子王，还无所见，追恋男女，愤恚既发，便出山谷，往来村邑，咆哮震吼，暴害人物，残毒生类。邑人辄出，遂取而杀。击鼓吹贝，负弩持矛，群从成旅，然后免害。

狮子王回来，发现妻子、儿子和女儿都不见了，狮子王挂念自己的儿女，非常愤怒。他走出山谷，来到城边，咆哮怒吼，一见有人从城里出来，便发起攻击，杀死每一个它见到的人。城里的人，只有带上武器，结成团伙，才敢出城。这事让国王也知道了：

> 其王惧仁化之不洽也，乃纵猎者，期于擒获。王躬率四兵，众以万计，掩薄林薮，弥跨山谷。师子震吼，人畜僻易。既不擒获，寻复招募，其有擒执师子除国患者，当酬重赏，式旌茂绩。

国王让猎人们去捉拿狮子，还带上军队，军队的士兵数以万计，遍布山野。可是只要狮子王一声怒吼，士兵们都躲避不及。国王只好发布命令，招募勇士，谁能够捉拿狮子，为国除害，一定重赏。

> 其子闻王之令，乃谓母曰："饥寒已甚，宜可应募，或有所得，以相抚育。"母曰："言不可若是。彼虽畜也，犹谓父焉，岂以艰辛，而兴逆害？"子曰："人畜异类，礼义安在？既以违阻，此心何冀？"

儿子这时听说了国王的招募令，就对母亲说："我们缺吃少穿，我可以去应募，或者成功了，得到奖赏，我们生活就再也没有问题。"母亲说："你不可以这样说。狮子虽然是兽类，但它是你的父亲。你怎么能因为生活困难，去伤害它呢？"儿子说："人和兽，不是一类，哪里谈得上礼义呢？既然人兽互不相干，何必顾虑什么呢？"儿子没有听从母亲的劝阻，到国王那里应募。

> 乃袖小刀，出应招募。是时千众万骑，云屯雾合。师子踞在林中，人莫敢近。子即其前，父遂驯伏，于是乎亲爱忘怒。乃剚刃于腹中，尚怀慈爱，

犹无忿毒。乃至刳腹，含苦而死。

儿子带上一把小刀去应募。国王集合了军队，千军万马，把狮子王围了起来。狮子王蹲在树林中，没有人敢走近。只有儿子一个人，走到狮子跟前。狮子见到儿子，一下就安静下来，要表示亲爱，这时儿子却突然把刀插进狮子王的腹中。到了这个时候，狮子王的心中，仍然对儿子是慈爱之心，没有丝毫的怨恨。儿子用刀剖开了狮子王的肚腹，狮子王忍受痛苦，直到最后死去。

国王看见了这一切，觉得很奇怪：

王曰："斯何人哉？若此之异也？"诱之以福利，震之以威祸，然后具陈始末，备述情事。

国王就问："这是什么人啊？事情又怎么会这样奇异呢？"国王许以奖励，又加以威胁，儿子只好把其中的原委讲了出来。这让国王又是一番感叹：

王曰："逆哉！父而尚害，况非亲乎？畜种难驯，凶情易动。除民之害，其功大矣。断父之命，其心逆矣。重赏以酬其功，远放以诛其逆，则国典不亏，王言不贰。”

国王说：“这真是大逆不道啊！你连你的父亲都能杀死，如果伤害那些不是你亲人的人，还会有顾忌吗？野兽之种，凶恶的本性真难以改变。你为民除害，功劳很大，但你杀死父亲，悖逆不道。我现在重赏你的功劳，但我要把你流放到远处去。这样国家的规矩才不会受到损害，但我作为国王，我说过要奖励你的话也算数。”

于是装二大船，多储粮糗。母留在国，周给赏功。子女各从一舟，随波飘荡。其男船泛海，至此宝渚，见丰珍玉，便于中止。其后商人采宝，复至渚中。乃杀其商主，留其子女。如是繁息，子孙众多，遂立君臣，以位上下。建都筑邑，据有疆域。以其先祖擒执师子，因举元功，而为国号。

国王于是准备了两只大船，装上很多粮食。母亲留了下来，给予赏赐。狮子王的儿子和女儿，各自上一只船，让船随波逐流。儿子的船在海上漂流，到达这个宝岛，停留了下来。再后来商人们采寻珍宝，来到岛上，狮子王的儿子杀死商人，留下了商人的子女。这样渐渐繁衍下来，子孙众多，就设立制度，分为君臣上下，又修筑了城市，成为一个国家。因为这个国家的人，他们的祖先曾经擒拿过狮子，所以就用“执师子”作为国家的名字。

因为有这样的传说，僧伽罗国的人，不仅形貌黝黑，连性格也都显得勇猛刚烈，因为他们的身上，有狮子的血统：

故师子国人形貌卑黑，方颐大颡，情性犷烈，安忍鸩毒，斯亦猛兽遗种，故其人多勇健。

至于狮子王女儿乘坐的船，则漂流到了波斯国的西边：

其女船者，泛至波剌斯西。神鬼所魅，产育群女，故今西女国是也。

克孜尔 14 窟壁画：受伤的狮子

“波剌斯”就是波斯。“西女国”一国之人，都是女子，这当然更是一个神话传说。

故事就这样结束。故事的情节并不复杂，但人与兽，各种感情互相纠缠，交织在一起：母亲和儿子回归人类的渴望，狮子王对儿子所表现出来的、无所保留的父爱，国王坚持原则，有赏有罚。故事讲的，其实不仅仅是一个与古老国家相关的神话传说，情节虽然奇异，背后表现的，更多还是人类最基本的感情。

玄奘并没有到过斯里兰卡。根据《大慈恩寺三藏法师传》的记载，玄奘周游五印度，到达了南印度达罗毗荼国（Draviḍa）的建志补罗城（Kāñcīpura），即今天的康契维腊姆城（Conjeeveram）。玄奘原本打算从这里乘船去僧伽罗国。这时他遇见刚从僧伽罗国来的三百多位僧人。他们告诉玄奘，僧伽罗国的国王不久前去世，国内又发生了饥荒，他们就是因为躲避动乱，才来到印度。玄奘只好放弃了去僧伽罗国的念头。玄奘讲的这个故事，显然得知于传闻或者根据他在印度所读到的佛经。因为这个故事也见于斯里兰卡古老的文献《岛史》（*Dīpavaṃsa*）和《大史》（*Mahāvaṃsa*）。两部书主要讲斯里兰卡佛教的历史，同时还讲了不少的传说和神话故事。

从“僧伽罗”这个名字，斯里兰卡最早的居民也就称作僧伽罗族，他们讲的语言，称作僧伽罗语。“僧伽罗”因此是斯里兰卡最古老的名称。后来阿拉伯人来到了斯里兰卡，阿拉伯人称斯里兰卡为 Silan，这时已经是中国的宋代，中国人也就把斯里兰卡称作“细兰”，明代又翻译作“锡兰”。这个名称，一直使用到英国人统治斯里兰卡以及斯里兰卡独立之后的一段时期。1972 年，锡兰改名为斯里兰卡，意思是“神圣的楞伽”（Sri Lanka），因为斯里兰卡有山，山名“楞伽”（Laṅkā），历史上斯里兰卡也因此曾经称作“楞伽岛”（Lankadvīpa）。

僧伽罗与罗刹女：一个佛教的本生故事

这个故事告诉人们，有“智慧”，“心无滞累”，才能抵抗住诱惑，免除危难。这是佛教的核心思想之一。了解了这一点，很大程度上就了解了佛教。

斯里兰卡古称僧伽罗国。玄奘《大唐西域记》卷十一讲“僧伽罗国”，首先讲的是一个关于狮子王与他的儿子的故事，儿子捉住并杀死了父亲狮子王，“僧伽罗”的意思就是“捉住狮子”，儿子创立的国家，因此被称作“僧伽罗国”。

但这只是一种说法或者说是一个神话传说。玄奘接下来又讲了另一个故事：

> 斯一说也。佛法所记则曰：昔此宝洲大铁城中，五百罗刹女之所居也。城楼之上，竖二高幢，表吉凶之相。有吉事吉幢动，有凶事凶幢动。恒伺商人至宝洲者，便变为美女。持香花，奏音乐，出

迎慰问，诱入铁城。乐燕会已，而置铁牢中，渐取食之。

“宝洲”即宝岛，指的是斯里兰卡岛。斯里兰卡自古出产宝石，因此被称为宝洲或者宝岛。“罗刹”是梵语词rakṣas或rākṣasa的音译。佛经中对“罗刹”做过解释：“此云恶鬼也。食人血肉，或飞空，或地行，捷疾可畏也。”“罗刹”有男有女，罗刹男如同恶鬼，但罗刹女却常常是绝美的妇人，梵语的原文是rākṣasī。

这里讲，斯里兰卡的岛上，有一座“大铁城”，城里住着五百罗刹女。城楼上竖立有两面旗帜，一面旗帜预示吉事，另一面旗帜预示凶事。如果有人到了宝洲，罗刹女就变为美女，捧着香花，迎接慰问，引诱人进入铁城，欢歌宴会，盛情招待，然后关进铁牢，慢慢地当食物吃掉。

玄奘还说了，与狮子王的传说不一样，这是一个来自佛经的故事。故事讲，从前有一位大商人，名字叫僧伽。他的儿子名叫僧伽罗。僧伽年纪大了，让儿子僧伽罗经营家务：

时赡部洲有大商主僧伽者，其子字僧伽罗。父

> 既年老，代知家务，与五百商人入海采宝。风波飘荡，遇至宝洲。时罗刹女望吉幢动，便赍香花，鼓奏音乐，相携迎候，诱入铁城。商主于是对罗刹女王，欢娱乐会。自余商侣，各相配合。

于是僧伽罗就跟五百商人一起，入海寻宝。他们到了“宝洲”，遇见罗刹女。罗刹女果然热情地把他们迎进铁城，大家欢喜无比。罗刹女王做了僧伽罗的妻子，其他的商人每人也各自配上一位罗刹女。一年过去，商人与罗刹女们分别有了孩子：

> 弥历岁时，皆生一子。诸罗刹女，情疏故人，欲幽之铁牢，更伺商侣。时僧伽罗夜感恶梦，知非吉祥，窃求归路，遇至铁牢，乃闻悲号之声。遂升高树，问曰：“谁相拘絷，而此怨伤？”曰：“尔不知耶，城中诸女并是罗刹。昔诱我曹，入城娱乐。君既将至，幽牢我曹，渐充所食，今已太半，君等不久，亦遭此祸。”

狮子岩壁画：斯里兰卡古代美女（一）

到了这个时候，罗刹女对商人们的感情也渐渐淡了下来。一天夜里，僧伽罗做了一个噩梦，他知道这不是吉祥的兆头。想到了应该寻找回家的路，他一路走去，到了一处铁牢，铁牢里一片悲号之声。他爬上高树，问铁牢中的人是怎么回事。铁牢中人回答说："你不知道，这城里的女子都是罗刹女。我们当时就是被诱骗了进来，要不了多久，你们也会进来。"

于是僧伽罗问："我们怎么办，才可以逃脱危难呢？"对方告诉僧伽罗："海滨有天马，只要诚心请求，天马就会帮助你们。"

僧伽罗曰："当图何计，可免危难？"对曰："我闻海滨有一天马，至诚祈请，必相济渡。"僧伽罗闻已，窃告商侣，共望海滨，专精求救。

于是僧伽罗悄悄地把这事告诉了同伴，大家一起来到海滨，向天马求救。天马告诉商人们："你们抓住我的鬣毛，我就可以把你们带回家。"

是时天马来告人曰："尔辈各执我毛鬣不回顾者，我济汝曹，越海免难，至赡部洲，吉达乡国。"诸商人奉指告，专一无二，执其髦鬣。天马乃腾骧云路，越济海岸。

大家抓住天马的鬣毛，天马腾空飞起。这时罗刹女们突然发觉，她们的丈夫不见了。罗刹女带着孩子，互相传告，才知道商人们已经逃走：

> 诸罗刹女忽觉夫逃，递相告语。异其所去，各携稚子，凌虚往来。知诸商人将出海滨，遂相召命，飞行远访。尝未逾时，遇诸商侣，悲喜俱至，涕泪交流，各掩泣而言曰："我惟感遇，幸会良人，室家有庆，恩爱已久。而今远弃，妻子孤遗，悠悠此心，谁其能忍？幸愿留顾，相与还城！"商人之心，未肯回虑。

罗刹女追上商人，哭哭啼啼，各自对自己的丈夫说："我有幸遇上了你，我们恩爱已久，家庭又这样美满，你怎么能忍心抛弃我和孩子呢？快跟我一起回去吧！"可是商人们还是不肯随罗刹女回去。罗刹女见劝说没用，只好使出种种妖媚的手段：

> 诸罗刹女策说无功，遂纵妖媚，备行娇惑。商侣爱恋，情难堪忍。心疑去留，身皆退堕。罗刹诸女更相拜贺，与彼商人，携持而去。

种种诱惑之下，商人们对罗刹女的爱恋之情重新生起。犹豫之中，就从天马身上掉了下去，罗刹女终于带回了自己的丈夫。这个时候只有僧伽罗因为“智慧深固，心无滞累”，没有受到诱惑。僧伽罗飞越过大海，躲过了危难。

> 僧伽罗者，智慧深固，心无滞累。得越大海，免斯危难。时罗刹女王空还铁城。诸女谓曰：“汝无智略，为夫所弃，既寡艺能，宜勿居此。”

罗刹女王无奈，单独回到了铁城。其他罗刹女嘲笑她：“你怎么这样没有本事，丈夫抛弃了你，你就不要住在我们这里了吧。”

> 时罗刹女王持所生子，飞至僧伽罗前，纵极媚惑，诱请令还。僧伽罗口诵神咒，手挥利剑，叱而告曰：“汝是罗刹，我乃是人。人鬼异路，非其匹合。若苦相逼，当断汝命！”

罗刹女王只好带上跟僧伽罗生的孩子，再次飞到僧伽罗

狮子岩壁画：斯里兰卡古代美女（二）

面前，极尽妖媚之态，想让僧伽罗回心转意。可是僧伽罗依然没有动摇，手挥利剑，呵斥罗刹女："你是罗刹，我是人。人和鬼不是一路，你要是再逼我，我就杀了你！"罗刹女只好改变主意，转而飞到了僧伽罗的家里：

> 罗刹女知诱惑之不遂也，凌虚而去，至僧伽罗家，诈其父僧伽曰："我是某国王女。僧伽罗娶

我为妻，生一子矣。赍持宝货，来还乡国。泛海遭风，舟楫漂没，唯我子母及僧伽罗，仅而获济。山川道阻，冻馁艰辛，一言忤意，遂见弃遗。詈言不逊，骂为罗刹。归则家国辽远，止则孤遗羁旅，进退无依，敢陈情事。”僧伽曰：“诚如所言，宜时即入室。”

罗刹女欺骗僧伽罗的父亲说，她是某位国王的女儿，与僧伽罗结婚，生了孩子，可是因为一言不合，就被僧伽罗抛弃，还骂她是罗刹，她现在无路可走。僧伽罗的父亲听这样一说，就收留了罗刹女。不久，僧伽罗也回到了家里：

居未久，僧伽罗至。父谓之曰：“何重财宝，而轻妻子？”僧伽罗曰：“此罗刹女也。”则以先事具白父母，而亲宗戚属，咸事驱逐。

僧伽罗见到父亲，父亲问他为什么要抛弃妻儿。僧伽罗把先前的事情告诉了父母。于是他们家所有的亲戚，都把罗刹女赶了出去。罗刹女把这事告到了国王那里：

时罗刹女遂以诉王，王欲罪僧伽罗。僧伽罗曰："罗刹之女，情多妖惑。"王以为不诚也，而情悦其淑美，谓僧伽罗曰："必弃此女，今留后宫。"僧伽罗曰："恐为灾祸，斯既罗刹，食唯血肉。"

国王要惩罚僧伽罗。僧伽罗告诉国王，说这是罗刹女，妖言惑人。可是国王不相信，只是喜欢罗刹女的美貌，对僧伽罗说："你如果一定不要这位女子，我就留在自己的后宫。"国王娶了罗刹女为妻。一天的后半夜，罗刹女王飞回斯里兰卡岛，率领五百罗刹女，来到王宫，一夜之间吃掉了王宫里所有的人：

王不听僧伽罗之言，遂纳为妻。其后夜分，飞还宝渚，召余五百罗刹鬼女，共至王宫，以毒咒术，残害宫中，凡诸人畜，食肉饮血，持其余尸，还归宝渚。旦日群臣朝集，王门闭而不开，候听久之，不闻人语。于是排其户，辟其门，相从趋进，遂至宫庭，阒其无人，唯有骸骨。群官僚佐相顾失图，悲号恸哭，莫测祸源。

第二天早上，大臣们集合在王宫门前，可是宫门紧闭不开，宫中也没有声音。大臣们打开宫门，只看见一地骸骨，没有一个活人。大臣们放声痛哭，不知道究竟发生了什么事。这时僧伽罗才把事情的来由一一告诉了大家：

> 僧伽罗具告始末，臣庶信然，祸自招矣。于是国辅老臣，群官宿将，历问明德，推据崇高，咸仰僧伽罗之福智也，乃相议曰："夫君人者，岂苟且哉？先资福智，次体明哲，非福智无以享宝位，非明哲何以理机务？僧伽罗者，斯其人矣。梦察祸机，感应天马。忠以谏主，智足谋身。历运在兹，惟新成咏。"众庶乐推，尊立为王。

目睹这一切，大臣们不得不相信僧伽罗的话。国王没有了，在大臣们的拥戴下，僧伽罗做了新的国王。开始僧伽罗还推辞，但最后还是接受了大家的推戴：

> 僧伽罗辞不获免，允执其中，恭揖群官，遂即王位。于是沿革前弊，表式贤良，乃下令曰："吾

印度马吐腊出土红
砂岩像：罗刹女

> 先商侣，在罗刹国，死生莫测，善恶不分。今将救难，宜整兵甲。拯危恤患，国之福也。收珍藏宝，国之利也。”

僧伽罗做了国王，对国政实行改革，又下达命令说：“我们国家还有商人在罗刹国，他们死生莫测，却又分不清善恶，我们还是应该去营救他们。”僧伽罗带上军队，乘船到了宝岛斯里兰卡：

> 于是治兵，浮海而往。时铁城上凶幢遂动，诸罗刹女睹而惶怖，便纵妖媚，出迎诱诳。王素知其诈，令诸兵士口诵神咒，身奋武威。诸罗刹女蹎坠退败，或逃隐孤岛，或沉溺洪流。于是毁铁城，破铁牢，救得商人，多获珠宝。招募黎庶，迁居宝洲，建都筑邑，遂有国焉。因以王名而为国号。

宝岛上的罗刹女惶恐不已，虽然同样使出妖媚的手段，但僧伽罗命令士兵念诵神咒，奋勇前行。罗刹女或死或逃。僧伽罗救出了商人，又获得许多珍宝。于是僧伽罗招募老百姓，迁居宝洲，建立城市，从此有了一个新的国家。这个国家就用国王的名字作为国名，称作僧伽罗国，也就是今天的斯里兰卡。

故事就这样结束，最后总结为一句话：

僧伽罗者，则释迦如来本生之事也。

“释迦如来”就是释迦牟尼佛。所谓“本生”，指的是释迦牟尼的前生，“本生之事”就是前生之事。佛经中有许多故事，故事中有各种人物，有时是各种动物。不管人物还是动物，既有正面形象，也有反面形象。故事的内容形形色色，讲到最后，总是会做一个总结，说明这是释迦牟尼前生的故事，正面的人物就是释迦牟尼，正面的人物最后总是战胜了反面的人物。这类故事，就称为佛本生故事。佛教的这一类经典，就称为《本生经》或者《生经》。玄奘这里讲的，就是一个佛本生故事。故事也见于巴利文《本生经》(*Jātaka*)，名字叫《云马本生》(*Valāhassa-Jātaka*)，也可以翻译为《天马本生》。在汉译的佛经中，例如三国时代翻译的《六度集经》，东晋时代翻译的《中阿含经》以及隋代翻译的《佛本行集经》，也都有这个故事。

故事与斯里兰卡有关。与“执师子”的故事相比，僧伽罗与罗刹女的故事形成或许要晚一些，因为佛教在公元前3世纪中期，也就是在印度的阿育王时代才传到斯里兰卡，从此成为斯里兰卡最重要、一度也是唯一的宗教。这个故事告诉人们，有“智慧”，“心无滞累”，才能抵抗住诱惑，免除危难。这是佛教的核心思想之一。了解了这一点，很大程度上就了解了佛教。

龙驹、龙马与金花王

古代的中国，不仅中原汉族文化传统中有龙马，其他民族文化传统中也有龙马。只是不同的龙马，有不同的故事来源和文化背景，比喻不一样，隐含的意义往往也不一样。

《大唐西域记》卷一，记载的是古代“西域”的三十几个国家，其中三个在今天中国新疆地区的境内，三个国家中有“屈支国”：

> 屈支国，东西千余里，南北六百余里，国大都城周十七八里。宜穈麦，有粳稻，出蒲萄、石榴，多梨、柰、桃、杏。土产黄金、铜、铁、铅、锡。气序和。风俗质。文字取则印度，粗有改变。管弦伎乐，特善诸国。服饰锦褐，断发巾帽。货用金钱、银钱、小铜钱。王，屈支种也，智谋寡昧，迫于强臣。

屈支国即今天中国新疆的库车，在中国古代的史书中，更多地被称作龟兹。龟兹一名，最早见于西汉时代。《汉书·西域传》讲到西域“三十六国”，龟兹是其中之一。其后的史书中有关龟兹的记载越来越多，历史上龟兹与中国的中原地区有很密切的往来。玄奘讲，屈支国“管弦伎乐，特善诸国”，完全符合历史事实。从南北朝开始，一直到隋唐时代，中原王朝的宫廷乐中的乐部，有一部称作“龟兹乐部”，也就是一支专门演奏龟兹乐舞的乐队。所谓“龟兹乐”，指的就是来自龟兹的乐舞。

玄奘讲到的当然不止于此，他提到了屈支国境内的一处小城，城的北边，有一座寺庙：

> 国东境城北天祠前，有大龙池。诸龙易形，交合牝马，遂生龙驹，𢤱戾难驭。龙驹之子，方乃驯驾，所以此国多出善马。

历史上的屈支或者龟兹，是西域丝绸之路北道上最大的佛教中心，佛教极为兴盛，僧人多，寺庙也多，但玄奘这里讲到的，却不是佛寺，而是“天祠”。所谓“天”，指的是非佛教的神，天祠就是祭拜这些神的地方。不同的地方有不同的天祠，祭拜的神也不一样。屈支国的这处天祠，祭拜的究竟是什么天神，玄奘没有说，玄奘只讲到天祠前面，有一处“大龙池”，龙池中有龙，龙与母马交合，生下的小马，称作“龙驹”。龙驹因为有龙的血统，所以性格暴烈。只有龙驹再生下的马驹，才可以驯养为坐骑，由此屈支国出产很多好马。

克孜尔 77 窟壁画：龟兹的马

接下来玄奘又讲了“金花王”的故事：

> 闻诸耆旧曰：近代有王，号曰金花，政教明察，感龙驭乘。王欲终没，鞭触其耳，因即潜隐，以至于今。

这就是说，这位名叫金花的国王英明睿智，把国家治理得很好，龙被感动，从龙池出来，为国王驭车。金花王快去世时，用鞭子触动龙的耳朵，龙从此潜没到龙池里，直到今天也没有现身。没有了金花王，这座城情况又有了变化：

> 城中无井，取彼池水。龙变为人，与诸妇会。生子骁勇，走及奔马。如是渐染，人皆龙种。恃力作威，不恭王命。王乃引构突厥，杀此城人。少长俱戮，略无噍类。城今荒芜，人烟断绝。

也就是说，龙还变身为人，与城里的妇女交合，生下了儿子，儿子骁勇，行走如同奔马。于是城里的居民逐渐都成了龙的后代，被称为“龙种”。龙种并不安分，不听国王的命令。国王最后没有办法，于是引来突厥人，把全城人杀得精光，无一遗留。

所有这些，当然都是神话故事，不过故事中的一些细节却不是毫无历史的根据。与很多神话故事一样，这个故事也与历史有所纠缠。

首先是故事中讲到的金花王。在屈支或者说龟兹国的历史上，确实有过一位甚至两位名字叫金花的国王。《旧唐书·西戎传》“龟兹国”一节讲：“（唐）高祖即位，其主苏伐勃駃遣使来朝，勃駃寻卒，子苏伐叠代立。”《新唐书·西戎传》的记载相同。“苏伐勃駃”一名，还原为古代的龟兹语，是 Swarnabiṣpa。龟兹语的 Swarnabiṣpa，又来自印度梵语的 Suvarṣapuṣpa，这两个词的意思正是“金花”。20 世纪法国的学者烈维（S. Lévi）根据另一位法国学者伯希和（P. Pelliot）在库车发现的木简上的古代龟兹语文字，结合汉语史料，得出了这样的结论。稍后德国学者吕德斯（H. Lüders）也研究了这个问题。吕德斯根据德国考古探险队在克孜尔石窟发现的梵文残卷中的记载，确认龟兹历史上确实有过名字叫“金花”的国王，吕德斯还认为，叫这个名字的国王不是一位，而是两位。《旧唐书》里的“苏伐勃駃”只是其中一位，更

克孜尔 77 窟壁画：龟兹伎乐天

早的时候还有一位。玄奘讲到的金花王，不是《旧唐书》和《新唐书》里讲的“苏伐勃駃”，而是时代更靠前的一位。吕德斯为此还排列出一份龟兹王的世系表，其中一前一后列出了两位金花王。吕德斯的看法，似乎也能得到玄奘记载的支持，因为玄奘讲的是“近代有王”。唐高祖即位的武德元年，是 618 年，玄奘到达龟兹的时间，一种算法是在贞观二年（628），另一种算法是在贞观四年（630），无论怎么计算，二者相距也不过十来年，说是“近代”，似乎有些勉强。

北京大学的季羡林先生，对这一问题也产生了兴趣。季先生在《文史知识》2001年第3期上发表一篇文章，题目是《龟兹国王金花考》。季先生对这一问题做了进一步的讨论。季先生根据萧梁时代僧人宝唱撰写的《比丘尼传》中有关高昌国一位冯姓女尼的记载中提到的“金花”一词，认为这就是龟兹的第一位金花王。季先生依此进行推算，得到的结论是，这位金花王的时代，是在438至504年之间，也就是在刘宋或者萧齐时代。只是季先生认为，玄奘讲“近代有王”，可能说近了一点，吕德斯所推测的“说不定是几百年前”，则颇接近历史事实。不过，玄奘在这里只是讲了一个故事，故事与历史有差异很自然。

中华书局在1985年出版的《大唐西域记校注》，校注工作的主持者，正是季羡林先生。季先生的这篇文章，也是对《大唐西域记校注》内容的一个新的补充。

在汉语文献里，龟兹的国王或者王室的成员，很多姓“帛”或“白”。不管是“帛”还是“白”，依照20世纪30年代冯承钧先生的意见，从语言上讲，很可能来自龟兹语的biṣpa，也就是来自梵语的puṣpa。两个词的意思，都是“花”，不管是“金花”还是什么“花”。

故事中另一个与历史相关的地方，是玄奘讲到的后来的龟兹王“引构突厥，杀此城人”。当玄奘到达龟兹的时候，龟兹虽然是一个独立的国家，但早已受到突厥的控制。《旧唐书》和《新唐书》对此有不少记载。玄奘的记载一定程度上也反映了这方面的一段历史。

但最有意思的还是故事本身。故事的第一段，说龙池中有龙。龙是传说中的动物，居于水中，龙池有龙，不奇怪。但龙从水中出来，与马交合，生下的小马，称作龙驹，龙驹性格暴烈，而龙驹的第二代，就成为良马，这样的故事，就有些奇异了。龟兹的龙驹，也就是龙马。中国的中原地区，此前也有龙马之说，但那要么是一种形容，例如《周礼·夏官·庾人》中讲“马八尺以上为龙，七尺以上为騋，六尺以上为马”，要么是汉代以后对《尚书·顾命》以及《礼记·礼运》中讲到的“河图”一名所做的一种解释：“伏羲王天下，龙马出河，遂则其文以画八卦，谓之河图。”这样的龙马，究其实仍然是一种称呼上的比喻，而不是指龙与马交合生出的后代。南北朝以后，经常出现在文章和诗词中的“龙马”一词，也都被理解为是一种比喻。

玄奘讲的故事，到此还没有结束。龙与马交合，生出龙驹还不够，故事内容进一步变化，有了新的情节，龙不只是

新疆克孜尔石窟

与马交合，更变身为人，与妇女交合。交合的结果，也生下儿子，而且“生子骁勇，走及奔马”。龙与牝马交合，还与妇女交合，生下的有龙驹，更还有作为人的“龙种”，这中间是不是隐喻着某种东西呢？难道是这里的居民曾经以龙为图腾？所有这些，都可以引出新的问题。故事中很关键的一点是，龙与人交合，还能够产生后代，这样的想象，对于中原地区的汉族而言，显然很少见。故事出现在汉族以外的地区，来自古代的龟兹，则一点不稀奇。追本溯源，背后或许还有来自印度的影响。

《大唐西域记》讲到的这座城，在屈支国的东境，从地理位置推断，应该在今天库车的东边，但确切的位置早已无人知道，龙池更是没有踪迹可寻。玄奘讲“城今荒芜，人烟断绝”，他是否到过这里也不是很确定。玄奘的传记《大慈恩寺三藏法师传》虽很详细地叙述了玄奘在屈支国的经历，但并没有提到这一段故事。

与中原地区汉族传说的龙马相比，玄奘讲到的龙马故事很不一样。这样的不一样，其实不是没有意义，它可以说明，在古代的中国，不仅中原汉族文化传统中有龙马，其他民族文化传统中也有龙马。只是不同的龙马，有不同的故事来源和文化背景，比喻不一样，隐含的意义往往也不一样。今天的中华民族，文化来自多源，龙马也不例外。古代屈支国或者龟兹国的龙驹与龙马的故事，在今天新疆一些民族流传的民间故事中，依然隐约能够找到一些踪迹。

汉女子与太阳神：神话故事中的历史

每一个族群，历史和文化不同，有自己的特点，但没有一个族群，是“纯粹”的、单一的来源。文化上如此，血源上也是如此。

《大唐西域记》卷十二，讲到“朅盘陀国”：

朅盘陀国，周二千余里。国大都城基大石岭，背徙多河，周二十余里。山岭连属，川原隘狭。谷稼俭少，菽麦丰多。林树稀，花果少。原隰丘墟，城邑空旷。俗无礼义，人寡学艺。性既犷暴，力亦骁勇。容貌丑弊，衣服毡褐。文字语言，大同佉沙国。然知淳信，敬崇佛法。伽蓝十余所，僧徒五百余人，习学小乘教说一切有部。

朅盘陀国即今天中国新疆的塔什库尔干。一般认为，《汉书·西域传》中提到的蒲犁国，就是后来的朅盘陀国。朅盘陀一名，具体来源不详，文献里还有“汉盘陀”“诃盘陀”“渴盘陀”“喝盘陀”“羯盘陀”“渴饭檀”等译名。这些名称大同小异，来源显然一样，应该来自中亚的一种古语言。

“徙多河”这个名字，不仅出现在《大唐西域记》里，在佛经里也有记载。玄奘说，朅盘陀国的都城，背靠徙多河，这条河显然就是今天塔什库尔干城东边的塔什库尔干河，河水从南向北流，最后与叶尔羌河汇合，然后再与和田河和阿克苏河汇合在一起，成为塔里木河。玄奘说的“国大都城”，今天当地人称作“石头城”。佉沙国即今天新疆的喀什。说一切有部则是佛教历史上的一个部派，在古代的新疆地区曾经很流行。

玄奘接着讲到朅盘陀的国王：

今王淳质，敬重三宝，仪容闲雅，笃志好学。建国已来，多历年所，其自称云是“至那提婆瞿呾罗”（唐言“汉日天种”）。

对朅盘陀的国王，玄奘很是称赞：国王信仰佛教，敬

今日石头城

重三宝，而且好学。玄奘说，朅盘陀建国已经有些年头，国王称自己为“至那提婆瞿呾罗”。“至那提婆瞿呾罗”是一个音译的梵语词，由两个部分组成。前一部分是“至那”，原文是 Cīna，佛经里有时也译为“支那”，玄奘在这里把它意译为“汉”，指的是中国；后一部分是“提婆瞿呾罗”，原文是 Devagotra。后者又可以再分为两个部分：deva 和 gotra。deva 音译“提婆”，意译“天”，意思是神，这里特指太阳神。gotra 音译“瞿呾罗”，意译“种”，也就是种族的意思。整个词合起来成为 Cīnadevagotra，玄奘在这里意译为“汉日天种”，“日天”的意思就是太阳神。

接下来玄奘讲了朅盘陀的国王为什么会称自己为“汉日天种”的缘由：

> 此国之先，葱岭中荒川也。昔波利剌斯国王娶妇汉土，迎归至此。时属兵乱，东西路绝，遂以王女，置于孤峰。极危峻，梯崖而上，下设周卫，警昼巡夜。时经三月，寇贼方静。

葱岭是中国古代对帕米尔高原的一种称呼。朅盘陀国的位置，正是在帕米尔高原的东端。“波利剌斯国”即波斯，也就是今天所称的伊朗。《大唐西域记》卷十一有一节，专门讲“波剌斯国”。“波利剌斯国”一名中的“利”字，显然是个衍字，因为玄奘在这里使用的是梵文，梵文的原字是 Pārsa。

这里讲，波斯的国王从“汉土”迎娶新娘，迎娶的队伍到了朅盘陀这个地方，遇上了战乱，交通中断。带领迎亲队伍的大臣只好把新娘留在一座孤峰之上，孤峰之下，设置卫兵，严密保护。三个月过去，形势平静下来，但接下来发生的事情却出乎人们的意料：

> 欲趣归路，女已有娠。使臣惶惧，谓徒属曰：“王命迎妇，属斯寇乱，野次荒川，朝不谋夕。吾王德感，妖氛已静。今将归国，王妇有娠。顾此为忧，不知死地。宜推首恶，或以后诛。”讯问喧哗，莫究其实。

一行人准备重新上路，可是这时大家发现，新娘怀孕了。新娘怎么会怀孕，谁让新娘怀孕的呢？使臣召集所有的随从，一一询问，但就是没有结果。这时新娘身边的一位

“侍儿”说话了：

> 时彼侍儿谓使臣曰：“勿相尤也，乃神会耳。每日正中，有一丈夫，从日轮中乘马会此。”使臣曰：“若然者，何以雪罪？归必见诛，留亦来讨，进退若是，何所宜行？”佥曰：“斯事不细，谁就深诛？待罪境外，且推旦夕。”

侍儿说：“我们大家不要互相责怪了，这是因为有天神与新娘相会。每天的正午，我看见有一位男子，乘着马，从太阳中下来，跟新娘见面。”使臣说：“那就算是这样，可怎么能免除我们的罪责呢？回去吧，我们会被处死，留在这里吧，国王也会来讨伐。无论进还是退，都很困难，我们怎么办呢？”大家说：“这件事责任不小，我们谁愿意被处死呢？我们就留在这里，暂且这样过下去吧。”

> 于是即石峰上筑宫起馆，周三百余步。环宫筑城，立女为主。建官垂宪，至期产男，容貌妍丽。母摄政事，子称尊号。飞行虚空，控驭风云。威德

遐被，声教远洽，邻域异国，莫不称臣。

大家于是在山峰上建起一处宫殿。围绕宫殿，又建起一座城，让女子做主人。到了产期，女子生下一个漂亮的男孩。从此母亲摄政，儿子称王。新的国王能够飞行虚空，还能呼风唤雨，声威远布，周围的国家，没有一个不称臣服从。

其王寿终，葬在此城东南百余里大山岩石室中。其尸干腊，今犹不坏，状羸瘠人，俨然如睡。时易衣服，恒置香花。子孙奕世，以迄于今。以其先祖之世，母则汉土之人，父乃日天之种，故其自称汉日天种。

国王去世后，就埋葬在附近大山中的石室里。“其尸干腊，今犹不坏，状羸瘠人，俨然如睡”，也就是成为今天在新疆的戈壁或者沙漠里常常可以见到的干尸，通常又称木乃伊。国王的后代，不时地为干尸更换衣服，香花供养，一直到玄奘讲故事的时候。因为母亲来自“汉土”，父亲属于太阳神种族，他们就称自己为“汉日天种”，意思是来自“汉土”的人与太阳神的后裔。他们的体貌也有自己的特点：

> 然其王族，貌同中国，首饰方冠，身衣胡服。后嗣陵夷，见迫强国。

在玄奘的眼里，这个国家的王族，面貌长得确实像中国人。他们头戴“方冠”，身上穿的却是“胡服”。玄奘还说，这个国家后来衰落了，受到强国的欺侮和压迫。

玄奘从印度返回中国，路经朅盘陀国，在此停留了二十多天，这个时间不短。玄奘说这样的话，应该有所根据，根据的是他自己的观察。

这又是流传在丝绸之路上的一个奇异的建国传说。所有这些，当然只是神话故事。但神话不是没有来由，所有的神话，其实反映的都是过去的历史或者说当时的现实。故事反映了什么呢？至少可以说有以下几点。

第一，历史上不同族群居住的地区——尤其是这里讲到的古代的丝绸之路上——随处可见的异族通婚的现象。族群之间的通婚和融合，从古到今，从来没有中断过。每一个族群，历史和文化不同，有自己的特点，但没有一个族群是“纯粹”的、单一的来源。文化上如此，血源上也是如此。族群与族群之间，历史上的“汉族”与远近相邻的各个族群之间，这样的例子实在是太多。“汉日天种”故事映射出的，其实就是这样一个历史的事实。

第二，在古代——今天其实也一样——服饰常常是族群区别的象征之一，但服饰的变化同样也反映族群融合的程度。“首饰方冠，身衣胡服”看来就是这样的一种情形。

第三，古代国家的起源，大多与神话故事联系在一起。这在古代不奇怪。“汉日天种”的传说，使朅盘陀国的王族具有了神圣性。类似的故事在西域包括印度随处可见，《大唐西域记》里有不少的事例。

第四，印度文化对这一地区的影响。太阳神从天而降，与女子相会，有了后代，后代成为国王，这是典型的印度故事风格。但故事中最基本的情节，却与“汉”联系在一起。中国的新疆地区，历史上一方面受到“汉地”的影响，一方面也受到印度以及波斯的影响。“汉日天种”的故事把这三个方面的因素结合在了一起。

不过，这里也还有一个问题：故事中的“汉土”，指的

眺望公主堡

就是当时汉族所居的中国的中原地区吗？这有可能，但也不一定。在古代西域的很多国家里，人们对“汉土”的理解，往往很宽泛。所谓“汉土”，范围很广，不仅仅只是中原地区，也包括河西以及更西的一大片地区。《大唐西域记》卷一、卷四讲到的“质子”，“汉王子”以及卷十二讲到的“东国公主”，虽然都不大可能来自当时中国的中原地区，但也被认为与“汉”有关。这其中的原因也很简单，那就是，当时的中国，包括“汉天子”，在整个西域地区有着很大的影响，不少人或不少族群往往都愿意依附于“汉”，借“汉”之名自重。

在玄奘经过朅盘陀之后不久，唐王朝的军事势力到达这一带，同时还越过葱岭，到达更远的中亚地区。开元年间（713—741），唐中央政府在朅盘陀设立葱岭守捉，归属于安西都护府节制。“汉”及“汉天子”在这一带的影响，一度更达到了顶点。

时光流逝，从玄奘的时代到今天，已经一千多年，可是“汉日天种”的传说至今还流传在古代的朅盘陀国，也就是今天新疆的塔什库尔干地区。在今天的塔什库尔干县城南大约 70 公里处，卡拉其峡谷一座海拔 4000 多米的高山上，有

眺望公主堡

就是当时汉族所居的中国的中原地区吗？这有可能，但也不一定。在古代西域的很多国家里，人们对“汉土”的理解，往往很宽泛。所谓“汉土”，范围很广，不仅仅只是中原地区，也包括河西以及更西的一大片地区。《大唐西域记》卷一、卷四讲到的“质子”，“汉王子”以及卷十二讲到的“东国公主”，虽然都不大可能来自当时中国的中原地区，但也被认为与“汉”有关。这其中的原因也很简单，那就是，当时的中国，包括“汉天子”，在整个西域地区有着很大的影响，不少人或不少族群往往都愿意依附于“汉”，借“汉”之名自重。

在玄奘经过朅盘陀之后不久，唐王朝的军事势力到达这一带，同时还越过葱岭，到达更远的中亚地区。开元年间（713—741），唐中央政府在朅盘陀设立葱岭守捉，归属于安西都护府节制。“汉”及“汉天子”在这一带的影响，一度更达到了顶点。

时光流逝，从玄奘的时代到今天，已经一千多年，可是“汉日天种”的传说至今还流传在古代的朅盘陀国，也就是今天新疆的塔什库尔干地区。在今天的塔什库尔干县城南大约 70 公里处，卡拉其峡谷一座海拔 4000 多米的高山上，有

孤峰之上的公主堡

一处古代的城堡遗址。城堡依山而建，形势极为险峻，塔吉克语称作“克孜库尔干”，意思是“少女城”或“姑娘城”，更多的人则把它称作“公主堡”。当地人认为，这就是“汉日天种”传说中从“汉土”迎娶来的新娘曾经居住的地方。也许这只是对古老的神话故事的一种附会，但如果登临城堡，远望是皑皑雪山，陡壁下是克孜库尔干河与喀拉秋库尔达里亚河汇合之处，河水奔流，古老的丝绸之路穿越其间。所有这些，不能不让人生出更多的遐想，同时再次感受到这个已经流传了一千多年的故事的魅力，以及其背后所隐含的历史。

东国公主与蚕种西传：一个丝绸之路上的千年传说

历史上蚕种以及养殖桑蚕的技术什么时候传到西方，怎么传到西方，从来没有确切的记载。玄奘所讲，虽然只是故事，却在一定程度上反映了蚕种西传中的某些事实。

丝绸之路近来成了一个热门的话题。所谓丝绸之路，指的是古代起始于中国，向西延伸，连接中亚、西亚、欧洲，乃至于东非的商路。这些商路，最早主要是陆路，后来也包括有海路，于是又被分别称为陆上丝绸之路和海上丝绸之路。不过，把这些商路统称为丝绸之路，其实很晚。一般的说法是，19 世纪 70 年代，德国的地理学家李希霍芬（Ferdinand von Richthofen，1833—1905）最早提出“丝绸之路”（Seidenstrasse）一名。不过，两年前，2019 年，一位名叫 Matthias Mertens 德国学者发表文章，文章中讲，他使用 Google 的搜索工具 Ngrams 对德国一百多年前的学术出版物进行检索，发现使用“丝绸之路”这个词的，还有更早的德国学者，而且不止一位。其中最早的，是李特尔（Carl Ritter，1779—1859）。李特尔也是德国当时很著名的一位地理学家，李希霍芬只是继承和在更广泛的意义上使用了这个名称。

不管怎样，丝绸之路这个名称，不管是谁最早这么说，这个名称一经提出，就被广泛接受。因为古代在这些商路上贸易的商品，丝绸的确占了很大一部分，把这些商路称作丝绸之路，不仅恰如其分，而且确实能突出古代中国与其他国家或地区物质文化交流的一大特色。中国与西方之间的这些商路，其实早就存在，至少已经有两千多年的历史，只是过去没有被称作丝绸之路而已。

发明养蚕和制作丝绸的技艺，是古代中国对于人类文明的一大贡献。丝绸在中国生产出来，源源不断地输出到其他的国家或者地区。丝绸的生产，包括几个最重要的环节，首先是养蚕，其次是缫丝，再是织成丝绸，中间还包括染色，或者加入一些特殊的工艺，例如织花、压花等等。其中，养蚕是第一步。在中国，传说中最早养蚕的是嫘祖。历史上嫘

嫘祖养蚕：现代浮雕

祖是不是实有其人，仍有争议。养蚕、缫丝和纺织丝绸，作为一套完整的生产技术，前后发展，会有一个过程，很难说是某一个人的发明。但对于我们中国人来说，嫘祖确实是中国最早养蚕缫丝的代表人物。嫘祖是中国人，嫘祖的传说，不仅是我们对祖先的一种追思和纪念，也代表了古代中国对人类文明的贡献。

有意思的是，欧洲人最早并不知道丝绸是怎么生产出来的。当欧洲人见到如此精美华丽的丝绸，又知道这是来自遥远东方的中国的时候，对于丝绸的来历不禁生出一些奇异的猜想。公元初罗马最博学的学者普林尼（Pliny “the Elder”，Gaius Plinius Secundus，公元 23—79 年），在他堪称百科全书式的著作《自然史》（*Naturalis Historia*）中专门讲到过丝和丝绸。普林尼把中国称作“赛里斯”（Seres）。他说，在“赛里斯”，丝就生长在树上，人们把丝从树叶上取下，经过漂洗，再纺织成丝绸，然后再经过几万里艰辛的路途，最后才运到罗马。到了罗马，丝绸的价值倍增，成为罗马贵族们最豪华最珍贵的衣料。很长一段时间，欧洲人都不知道，丝绸从蚕丝而来，更不知道还有养蚕缫丝一说。“赛里斯”这个词，拉丁语的意思就是“丝”。两千多年前，在西方人的眼里，中国就是丝之国。

但在亚洲，情形则不大一样。从中国发端的丝绸之路，首先连接到周边的地区，有关养蚕和织造丝绸的知识和技术，不需要很久，就有可能传到这些地区和国家。

玄奘《大唐西域记》卷十二，讲到瞿萨旦那国，其中一段，就提到一个与蚕和蚕种相关的故事：

> 王城东南五六里，有麻射僧伽蓝，此国先王妃所立也。昔者此国未知桑蚕，闻东国有也，命使以求。时东国君秘而不赐，严敕关防，无令桑蚕种出也。瞿萨旦那王乃卑辞下礼，求婚东国。国君有怀远之志，遂允其请。

“瞿萨旦那”是梵语 Gostana 的音译。“瞿萨旦那”的意思，玄奘解释是“地乳”。瞿萨旦那国即今天新疆的和田，古代又称于阗。瞿萨旦那国的王城确切地在今天的什么地方，做考古研究的学者之间有一些争议，不同的学者有不同的比定。一种说法是在今和田城西约 10 公里处的约特干遗址，另一种说法是在今和田城北边约 20 公里处的阿克斯比尔古城。僧伽蓝的意思是佛寺，麻射僧伽蓝即麻射寺。“麻射”一名，藏语文献中可以找到一个对应的词 Ma-za。

玄奘在故事里讲，瞿萨旦那国这个地方，先前不知道养蚕，听说“东国”有桑蚕，于是派了使节去求取。可是东国的君主不愿意让蚕种传出国外，为此还下达了严格的命令，禁止任何人把蚕种带出国。瞿萨旦那王只好另想办法，他准备了礼品，用恭顺的言辞，请求东国君主把公主下嫁给自己。东国君主为了笼络瞿萨旦那王，就答应了后者的请求：

丹丹乌里克出土木板画：东国公主与蚕种西传

> 瞿萨旦那王命使迎妇，而诫曰：“尔致辞东国君女，我国素无丝绵桑蚕之种，可以持来，自为裳服。”女闻其言，密求其种，以桑蚕之子，置帽絮中。

于是瞿萨旦那王派出使节，到东国迎娶公主。瞿萨旦那王让迎亲的使节告诉公主，瞿萨旦那国没有丝绵，更没有蚕种，请公主把蚕种带来，以后才好自己制作衣裳。东国公主听了这话，悄悄地在帽子的丝絮中藏了一些蚕卵。这样做了以后，公主出嫁的队伍就出城了：

> 既至关防，主者遍索，唯王女帽不敢以验。遂入瞿萨旦那国，止麻射伽蓝故地。方备仪礼，奉迎入宫。以桑蚕种，留于此地。阳春告始，乃植其桑。蚕月既临，复事采养。初至也，尚以杂叶饲之。自时厥后，桑树连阴。

队伍到了城门关，守城的官员一一检查，所有的地方都检查完了，只有公主的帽子不敢查验。于是蚕种就被带到了瞿萨旦那国，先放置在麻射僧伽蓝，然后举行一番仪式，迎请到王宫，瞿萨旦那国从此有了蚕种。到了春天，人们种上了桑树，桑树渐渐生长。养蚕的季节来临之时，人们又养上了蚕。只是最初时桑树不多，也用过一些其他的树叶喂养桑蚕，后来桑树多了，连成了一片树林。这个时候，公主——现在已经成为王妃——下达了命令，不准伤害桑蚕：

> 王妃乃刻石为制，不令伤杀。蚕蛾飞尽，乃得治茧。敢有犯违，明神不佑。遂为先蚕建此伽蓝。数株枯桑，云是本种之树也。故今此国有蚕不杀。窃有取丝者，来年辄不宜蚕。

王妃的命令，刻在石碑上，成为制度，不让任何人伤害桑蚕。只有在蚕蛾飞尽，才可以处理蚕茧。如果违反，神不保佑。王妃为这些最早的蚕种修建了一座寺庙，就是麻射僧伽蓝。最早的那几棵桑树已经枯萎。因此，在瞿萨旦那国，是不杀蚕虫的。如果有人偷着从有蛾的蚕茧取丝，来年的蚕就养不好。

这是一个有趣的故事。历史上蚕种以及养殖桑蚕的技术什么时候传到西方，怎么传到西方，从来没有确切的记载。玄奘所讲，虽然只是故事，却在一定程度上反映了蚕种西传中的某些事实。古代东西方之间的丝绸贸易，获利甚大。“东国”方面因此不愿意养蚕、缫丝和织造丝绸的技术外传，这也可以想象。但人类历史上的事都是一样，到了最后，先进的技术总是会通过某种途径传到世界的各个地方。

记载这个故事的，不仅是玄奘的书。《新唐书》卷二二一《西域传》有一节专门讲于阗国，在介绍了于阗国的一般情况后，也讲到这件事：

> （于阗国）初无桑蚕，丐邻国，不肯出，其王即求婚，许之。将迎，乃告曰：“国无帛，可持蚕自为衣。”女闻，置蚕帽絮中，关守不敢验，自是始有蚕。女刻石约无杀蚕，蛾飞尽得治茧。

不过，从《新唐书》编撰的时间看，这一段话，很有可能就是根据玄奘书中的话改写而来。二者之间最值得注意的不同之处是，《大唐西域记》中讲的是“东国”，而《新唐书》里则说是“邻国”。

这个故事，同样也记载在藏文的佛教经典中。藏文丹珠尔中有一部书，名称是《于阗国授记》（*Li'i yul lung bstan pa*），书中也讲了类似的故事，只是情节稍有不同。和田地区与西藏相邻，西藏的佛教，在早期阶段曾经接受过和田佛教不小的影响。藏文佛教文献中讲到和田，保留了有关和田历史的一些资料，也是很自然的事。

不仅如此，在和田，与蚕种西传的故事相关的，还有考古的发现。20 世纪初，匈牙利裔的英国探险家斯坦因来到和田，做广泛的考古调查。斯坦因深入到和田东边的塔克拉玛干沙漠，在当地人称作丹丹乌里克（Dandan-Uiliq）的地方，发现一大片古代居民的遗址。斯坦因在这处遗址发掘出大量古代的物品，有佛像和神像，其中最引人注意的是来自一处佛寺的木板画。木板画中有一幅画的正是蚕种西传的故事。画上有四位人物，三位是女子，一位看起来像男子。从左边数的第二位女子在画面上最为显著。她戴一顶很大的头冠，头冠上满缀珠宝，身份看起来非同一般。从左边数的第一位女子则左手高举，指着她左边的这位头戴宝冠、身份显贵的女子，似乎在说，这宝冠中有什么东西。她的右手下垂，手臂里还挎着好像是一只竹篮。画的最右边，也是一位女子，

东国公主（细部）

坐在一架织机旁，手执纺织工具，织机上布满经线。她的后边，似乎也还有其他纺织的器具。在她与头戴宝冠的女子之间，则坐着一位男子模样的人，头有光环，四只手臂。男子跏趺而坐，四只手中，一只手平置，三只手各执一件器物，看起来有些像剪刀、纺锤和锥子。

这位头戴宝冠的女子，显然就是玄奘所讲故事中的“东国公主”。手指公主宝冠的女子，应该是公主的随从或者侍女。最右边的女子，正在纺织，可以认为是织女。那位男子，头有光环，身有四臂，则是一位天神。从手执的器物看，这位天神主管或保护的，应该就是桑蚕与纺织。

这一幅画，画中人物的形象和所有的装饰，除了那位男子，都与玄奘讲到的故事配合无间。斯坦因因此很快就做出判断，认为画的内容，讲的就是东国公主与蚕种西传的故事。木板画的年代，至少在千年以上，画的发现，用实物证明，玄奘讲的，确实是当年一个广泛流传的故事。在和田北面的一处古庙的遗址，斯坦因还发现过一幅与木板画中的那位四臂天神类似的壁画，画面上也是一位四臂的天神，手中所执的器物也有锥子和剪刀。斯坦因认为，这里画的，也是西域神话中的蚕神。

和田出土木板画：西域的蚕神

这位公主，来自“东国”，“东国”究竟是哪一个国家，是中原的国家吗？玄奘没有讲得很明白。大概故事原来就是这样讲，玄奘不过是重新叙述了一遍而已。就整个中国而言，汉族人最早发明了养蚕、缫丝和纺织丝绸技术，但在汉文文献中，对于蚕种西传的过程，没有更多的记载，也没有类似的故事。对于和田的人而言，和田以东的国家都可以是“东国”。在今天的新疆地区，和田以东，古代曾经有过大大小小不少的国家。这些国家，不同时期由不同的民族或族群所建立，它们都可能是“东国”。即使我们把故事坐实，也很难说“东国”究竟是哪一个国家，也许是古代的楼兰，也许是古代的吐鲁番。不过，故事就是故事，无论如何，故事中要说明的一点很清楚，养蚕和纺织丝绸的技术从和田东方的某个国家传来，如果追溯到最后，这个国家指的一定是今天中国的中原地区。蚕种西传的故事发生在和田，也并非偶然。因为古代的和田或者说瞿萨旦那国，自古以来都是古代丝绸之路上的一个重要的国家。东西方之间的商贸往来，无论对于哪一个方向而言，和田都是一个关键的地点。养蚕和织造丝绸的技术传到和田后，到了玄奘的时代，和田不仅“桑树连阴”，而且当地人“工纺绩絁紬”。“絁紬”是古代的异体字，写成简体字就是“丝绸”。和田出产优质的丝绸，到今天还是如此。

但玄奘讲的故事中有一个细节，似乎需要说明一下，这个细节往往被人忽视。玄奘讲，“蚕蛾飞尽，乃得治茧”。了解养蚕缫丝过程的人都知道，如果蚕蛾从茧中飞出，蚕茧的质量就要大打折扣。出过蚕蛾的蚕茧，不是不能缫丝，但难以缫出好丝。或许玄奘当时听到的故事就是如此。或许这只是和田佛教徒的一种说法，他们希望在缫丝过程中尽量保全蚕虫的生命。或许在当时的和田，人们养蚕缫丝，确实就只用出过蚕蛾的蚕茧。当然，真要这样做，也不是不可能。

无论这中间究竟是怎样一个情形，在他的伟大著作《大唐西域记》里，玄奘仍然为我们讲述了这样一个动听的传说，一个已经在古老的丝绸之路上流传了至少一千多年的传说。

鼠王传奇：古代和田的鼠神崇拜

十二生肖，鼠排首位，说明鼠与人类关系密切。对于人类，老鼠并不总是可厌，它们也有可爱的时候。

《大唐西域记》的第十二卷，记载古代中亚的二十来个国家，其中有"瞿萨旦那国"。"瞿萨旦那国"即今天中国新疆的和田，在中国的史书中，很多时候又称作于田。从今天甘肃的敦煌出发，通往西域，古代有南北两条道路，一条沿塔克拉玛干沙漠的北缘西行，称为北道，一条沿塔克拉玛干沙漠的南缘西行，称为南道。两三千年来，和田一直是南道上最重要的城市。北道和南道合在一起，成为今天人们经常讲到的丝绸之路在中国境内最主要的一部分。

贞观十五年（641），玄奘从印度归国。玄奘回国，仍然走的是陆路，贞观十八年（644），他到达瞿萨旦那。他在瞿萨旦那前后住了七八个月。《大唐西域记》里因此对于瞿萨旦那有很详细的记载，包括好些玄奘在瞿萨旦那听到的故事，其中一个与老鼠有关：

> 王城西百五六十里，大沙碛正路中有堆阜，并鼠壤坟也。闻之土俗曰：此沙碛中鼠大如猬，其毛则金银异色，为其群之酋长。每出穴游止，则群鼠为从。

瞿萨旦那国王城的位置，在今天和田的什么地方，有一些争议。虽然有争议，但大致还在今天和田城或和田城的附近。从距离上推断，王城西边一百五六十里的地方，估计已经接近今天的皮山县一带。玄奘讲，这里的大路穿过沙碛，大路边有一些堆积起来的小丘，这些小丘，称作“鼠壤坟”。玄奘听当地人讲，这处沙漠中的老鼠，其中一只大如刺猬，毛色奇异，如同金银，那就是老鼠的王。鼠王每次出游，群鼠总是跟随在后面。

沙漠中有老鼠不奇怪，老鼠体形巨大也不算很奇怪，奇怪的是玄奘下面讲的故事：

> 昔者匈奴率数十万众，寇掠边城，至鼠坟侧屯军。时瞿萨旦那王率数万兵，恐力不敌，素知碛中鼠奇，而未神也。洎乎寇至，无所求救。君臣震恐，莫知图计，苟复设祭，焚香请鼠，冀其有灵，少加军力。

这就是说，曾经有过匈奴的首领，率领数十万军队，入侵瞿萨旦那国。匈奴的军队，就驻扎在鼠坟附近。瞿萨旦那国王的军队只有数万，国王害怕抵挡不了匈奴的军队。国王知道，沙漠中有一些奇异的老鼠，不过他从来没有把它们当成神物对待。现在敌寇入侵，无处求救，君臣们无计可施，也就只好焚香礼请老鼠，希望老鼠们能够帮助自己。

国王和大臣们的努力没有白费，到了夜里，鼠王就来托梦：

> 其夜瞿萨旦那王梦见大鼠曰："敬欲相助，愿早治兵，旦日合战，必当克胜。"

鼠王愿意帮助瞿萨旦那王，它在梦中告诉国王：请你早早准备，天亮之时就出兵交战，你一定能取胜。

> 瞿萨旦那王知有灵佑，遂整戎马，申令将士，未明而行，长驱掩袭。匈奴之闻也，莫不惧焉。方欲驾乘被铠，而诸马鞍、人服、弓弦、甲縺，凡厥带系，鼠皆啮断。兵寇既临，面缚受戮。于是杀其将，虏其兵，匈奴震摄，以为神灵所佑也。

瞿萨旦那王于是知道，神灵会帮助他。第二天，天还未亮，他带领自己的军队，长驱奔袭。匈奴人措手不及，一下被吓住了，慌忙之中想要驾马披甲，可是马鞍、铠甲、弓弦，还有系铠甲的链条，所有用来系物的带结，都被老鼠咬断了。瞿萨旦那的军队突然而至，只好束手就擒。匈奴大败，瞿萨旦那王大获全胜。

> 瞿萨旦那王感鼠厚恩，建祠设祭，奕世遵敬，特深珍异。故上自君王，下至黎庶，咸修祀祭，以求福佑。行次其穴，下乘而趋，拜以致敬，祭以祈福。或衣服弓矢，或香花肴膳。亦既输诚，多蒙福

利。若无享祭，则逢灾变。

打败了匈奴的瞿萨旦那王，当然非常感谢老鼠们帮助，于是为老鼠修建了祠堂，设供祭拜。后来的瞿萨旦那王，世世代代都尊敬这些老鼠。在瞿萨旦那，不管是国王，还是老百姓，都祭拜老鼠，希望能获得保佑。人们经过沙漠中老鼠的洞穴，要下马致敬。祭拜老鼠的用品，有香花，有食品，还有衣服和弓箭。如果不祭拜，就会招致灾祸。

与古代和田地区流传的东国公主带来蚕种的故事一样，

这也是一个有趣的故事。不仅如此，同样有意思的是，英国探险家斯坦因，在发现东国公主带来蚕种的木板画的同时，在同一地点，也就是今天和田附近塔克拉玛干沙漠中的丹丹乌里克（Dandan-Uiliq）的古代遗址，发现了另外一块木板画。木板画上画的，是一个奇异的形象：尖尖的嘴，显然是老鼠，但老鼠的头上，却戴着王冠。头以下的部分，则是人身，穿着华丽的衣服。老鼠面部的表情如同人类，俨然是一位受到崇拜的鼠神。画中的鼠神，位于中央。鼠神的右边，是一位男子。男子头上梳着整齐的发髻，上半身裸露，双手

丹丹乌里克出土木板画：鼠神之像

持一长柄的叶形扇子，两眼端注鼠神，表现出一种崇敬的神情。鼠神的左边，也画有一位人物，眼睛望着鼠神，只是细部已经不能看得很清楚。

这一幅画，显然与玄奘所讲的鼠王故事有关。画中的鼠神，就是玄奘故事里的鼠王。鼠神面部和衣服中露出的那一部分脖子的颜色是黄色，也与玄奘说的“其毛则金银异色”相符合。鼠神左右的两个人，应该就是鼠神或者说鼠王的侍者或者祭拜者。古代和田曾经有过崇拜神鼠的传统，不仅是玄奘的记载，从这幅画，也可以得到证实。

在古代，对于人类而言，老鼠在不同的场合，有时是负面的形象，有时又以正面的形象出现。鼠王在这里是神，帮助瞿萨旦那王打败了匈奴，受到瞿萨旦那国人的崇拜，当然是正面形象。这个故事的产生，有历史的背景，因为瞿萨旦那国确实曾经受到过匈奴的侵扰；更有宗教文化的背景，那就是在古代的和田地区，佛教曾经有过极大的影响，和田当时可以说是一个佛教国家。佛经中有许许多多与老鼠有关的故事。佛经故事中的动物，只要是讲到一个群体，总是有王，或者是鼠王，或者是猴王，还有鹿王、孔雀王、雉王。这是佛经或者说印度故事的一大特点。佛经故事的另一个特点则是，这些动物，大多数情况下，都以正面的形象出现，就像玄奘讲的这个故事中的鼠王。即使目前还没有在佛经里找到完全一样的例子，从和田的鼠王故事中，我们依然可以隐约地看到佛教和佛教故事的影响。

《大唐西域记》中鼠王的传奇故事讲到这里，还没有完全结束。同样的故事在玄奘之后，又再次出现。编撰于北宋时期的《宋高僧传》，其中卷一有《不空传》，记载唐代佛教密宗最有名的僧人不空的事迹。《不空传》中也提到一个类似的故事。故事讲，唐朝天宝年间，“西蕃、大石、康三国帅兵围西凉府”。皇帝命令不空来到皇宫中“道场”，皇帝主持，让不空手持香炉，念诵咒语。皇帝见到有“神兵可五百员在于殿庭”。惊诧之间，皇帝问不空。不空说，这是“毗沙门天王子领兵救安西”。这年的四月二十日，果然收到安西的表奏。表奏上说，“二月十一日，城东北三十许里，云雾间见神兵长伟。鼓角喧鸣，山地崩震，蕃部惊溃”。这个故事中同样的一个情节是，“彼营垒中有鼠金色，咋弓弩弦皆绝”。最后的结果，是围攻西凉的敌军溃败而去。

这样的故事，大部分情节近乎神话，当然不可当成历史的事实。不过，与玄奘讲的故事一样，这个新的老鼠助战的故事，也有一定的历史作为背景，那就是，唐代中期的几位皇帝，曾经十分崇信佛教的密宗。新的故事说明，玄奘之后，鼠王故事又有怎样一个流传的痕迹，从中我们可以看到西域与中原地区在宗教文化上有怎样的一种互动。

回到老鼠的故事自身来讲，世界上各个地区、各个国家、各个民族，都有许多关于老鼠的故事，各种故事形形色色，内容不同，但却不是处处都有鼠神的崇拜，古代和田的鼠神崇拜因此很有自己的特点。只是到了今天，除了印度仍然还有把老鼠当成神物的神庙，其他的地方似乎没有再听说有鼠神的祠堂。

在这个地球上，鼠与人类，已经共同生存了许久。各种与鼠有关的故事，都是人的创造。不仅是老鼠，所有这类故事，无论是人与动物相交往，或者是动物被人格化或神圣化，这中间折射出的，其实是人的观念和想象，同时反映出不同族群的不同信仰和不同的文化心态。十二生肖，鼠排首位，说明鼠与人类关系密切。对于人类，老鼠并不总是可厌，它们也有可爱的时候。从玄奘讲到的鼠王故事和古代和田的鼠神崇拜中，除了神话和民俗，我们看到的，不是也包括这一点吗？

龙女与大臣：一个“求夫”的故事

龙女求夫，大臣舍身相配，故事很奇特，同时故事情节中又有较多的人情味。人龙之间，男女之间，身份也显得比较平等，这其实一定程度上表现了当地人当时的观念。

《大唐西域记》卷十二，讲瞿萨旦那国，瞿萨旦那即今天中国新疆的和田。玄奘从印度返国，在贞观十八年（644）抵达瞿萨旦那。当年玄奘违背政府的法令，私自偷渡出国，现在回国，真正要抵达首都长安，一切又会怎样，他没有十分的把握。于是玄奘在瞿萨旦那停了下来，向唐太宗上表，报告他去印度的前后经过。为了等待唐太宗的答复，同时也为了让人去屈支（今新疆库车）和疏勒（今新疆喀什）寻找他回国途中，乘船渡过印度河时丢失的一些佛经的经本，玄奘在瞿萨旦那停留了七八个月。

关于瞿萨旦那，玄奘在《大唐西域记》中讲了不少故事，其中一个是龙女求夫的故事：

> 城东南百余里有大河，西北流，国人利之，以用溉田。其后断流，王深怪异。于是命驾，问罗汉僧曰："大河之水，国人取给，今忽断流，其咎安在？为政有不平，德有不洽乎？不然垂谴何重也！"

依照玄奘的说法，这条河在瞿萨旦那国王城东南百余里。在今天和田的东南，由南向北流淌的河流大大小小有三十多条。其中比较大一些的，从西向东排列，有喀拉喀什河、玉龙喀什河、策勒河、克里雅河、尼雅河。这些河从昆仑山流出，向南流入今天的塔克拉玛干大沙漠，最后或者汇入柴达木河，或者直接消失在沙漠之中。河水流经之处，往往形成一块绿洲。居民用水浇灌农田，种植树木，绿洲于是成为一处城镇。从古至今，都是如此。玄奘讲的，就是这种情形。玄奘讲，这条大河距离瞿萨旦那国的王城有百余里，从方位推测，或者是指今天的玉龙喀什河，或者是策勒河。

故事中讲，河水流淌，老百姓多年来用以灌溉农田。但河水突然断流，这事关系重大，国王只好去向一位罗汉僧请教：难道是我治理国家有什么做得不好，招致了天谴？罗汉对他做了解释：

> 罗汉曰：“大王治国，政化清和。河水断流，龙所为耳。宜速祠求，当复昔利。”王因回驾，祠祭河龙。

罗汉说，大王治理国家，政治清明，并没有问题，只是因为河中有龙，龙在作怪。因此应该祭祀龙，一切就会恢复原状。国王回到城里，依照罗汉的建议，为河中的龙举行祭祀。这时龙女突然现身了：

> 忽有一女，凌波而至，曰：“我夫早丧，主命无从，所以河水绝流，农人失利。王于国内，选一贵臣，配我为夫，水流如昔。”

原来是河中龙女的丈夫死去多年，没有了龙王，也就没人发号施令，河水因此断流。龙女寡居，思盼有一位新的丈夫。龙女要求国王，选取一位大臣，婚配给自己，作自己的丈夫。如果能够这样，河水将会跟过去一样奔流。

> 王曰："敬闻，任所欲耳。"龙遂目悦国之大臣。王既回驾，谓群下曰："大臣者，国之重镇。农务者，人之命食。国失镇则危，人绝食则死。危死之事，何所宜行？"

国王说："听您的话，那就请您挑选吧。"龙女一一望去，目光之中，看上了一位大臣。国王回城，跟手下的人商量。国王很犹豫：对于国家来说，大臣很重要，但国家的农业更重要。国王不知究竟怎么办为好。这时那位被龙女看上的大臣说话了：

> 大臣越席跪而对曰："久已虚薄，谬当重任。常思报国，未遇其时。今而预选，敢塞深责。苟利万姓，何吝一臣？臣者，国之佐；人者，国之本。愿大王不再思也。幸为修福，建僧伽蓝。"

大臣的意思，为了国家，他愿意去做龙女的丈夫。"苟利万姓，何吝一臣"一句话，表明他真是慷慨赴义了。大臣与国人，一是国家的辅佐，一是国家的根本。二者相比，后者

丹丹乌里克 D2 遗址壁画：龙女

更重要。大臣要国王不再犹豫，他唯一的要求，是要国王在河边修一座寺庙，为国家和他祈求福报。

王允所求，功成不日。其臣又请早入龙宫。于是举国僚庶，鼓乐饮饯。其臣乃衣素服，乘白马，与王辞诀。敬谢国人，驱马入河。履水不溺，济乎中流，麾鞭画水，水为中开，自兹没矣。

国王答应了大臣的请求。寺庙很快就修好了，大臣请求早日进入龙宫。于是举国的百姓，击鼓奏乐，把大臣送到河边。大臣身穿素衣素服，乘坐一匹白马，告别国王和国人，跃入水中。马踏行在水面上，并不沉没。人和马走到河的中流，大臣用马鞭在水面上画出一道痕迹，河水从中分开，人和马沉入河中，一下就看不见了。不过，一会儿之后，白马重新浮出水面：

> 顷之，白马浮出，负一栴檀大鼓，封一函书。其书大略曰："大王不遗细微，谬参神选，愿多营福，益国滋臣。以此大鼓，悬城东南，若有寇至，鼓先声震。"

白马的马背，驮着一具栴檀大鼓，大鼓上挂着大臣的一封信。信的大意讲，他是一个小人物，国王没有抛弃他，却让他参加选婿，成为龙女的丈夫。大臣希望国王多多营造福业，这样对国家和大臣们都会有好处。大臣还请国王把大鼓悬挂在王城的东南。他说，如果有敌人来，鼓声就会鸣响。

> 河水遂流，至今利用。岁月浸远，龙鼓久无。

旧悬之处，今仍有鼓。池侧伽蓝，荒圮无僧。

于是河水重新开始流淌，至今灌溉庄稼，老百姓都得到了好处。岁月久远，从龙宫送来的大鼓早已经没有了，只是在原来悬鼓的地方，依然还挂着一架鼓。水池边的寺庙，也早已倾毁，不再有僧人。

这当然只是一个神话故事，它使我们想起另外的一些与龙相关的故事。在所有的有关龙的故事中，这个故事最有人情味。龙女寡居，思盼伴侣，这是人之常情——或者准确地说是“龙之常情”。龙女求夫，大臣出赘，则有些像是历史上那些“和亲”的故事，只是这里男女换位，不是女子去给男子做夫人，而是男子给龙女做夫君。龙女选夫，“目悦”而定，并不马上强取，而是客客气气地留下话来，让大臣和国王都有时间做出决定，也不显得过分霸道。传说中龙的形象，大多暴戾张狂，这里却不是这样。在大臣这一方面，为国奉献，也基本出于自愿。玄奘的《大唐西域记》，前后讲了不少有关龙和龙池的故事，所有的故事中，这一个故事在情节上显得最为张弛有度，最有人情味。唐代的段成式，从《大唐西域记》读到这个故事，也把它收录进了他的《酉阳杂俎》的书中，只是叙述很简单，而且没有提到故事的来源。

20 世纪初，英国探险家斯坦因在和田东边沙漠中的丹丹乌里克（Dandan-Uiliq）做考古发掘，在其中一处房屋的遗址中，发掘出泥塑的人像，似乎是一位将军。人像旁边有画，画的是一位体态丰盈、面目姣好的女子。女子身后是荷花，一个小孩紧抱女子的大腿。女子旁边端坐着两位男子，衣着精美，显然很有身份，男子表情严肃。斯坦因认为，这幅画，讲的就是《大唐西域记》里的这个龙女求夫的故事。但从画面的整个内容看，这里的女子与男子，还有小孩，以及想表达的意思，似乎还不是玄奘在这里讲的故事。

玄奘讲的龙女“求夫”的故事，情节并不复杂。但这样的故事，出自古代的瞿萨旦那国，而不是来自汉族地区，并非偶然。瞿萨旦那国的各处村镇，虽然地处绿洲，附近大多是沙漠，完全依赖于从昆仑山流下来的河水的灌溉，有水无水，生命攸关，于是就有了这样的故事。龙女求夫，大臣舍身相配，故事很奇特，同时故事情节中又有较多的人情味。人龙之间，男女之间，身份也显得比较平等，这其实一定程度上表现了当地人当时的观念。从这个故事中，我们是不是可以看到这样一些特点呢？

后记

这本小书，集合了我前些年写的二十八篇文章，文章不长，都以《大唐西域记》中的某一章节、某一故事或某些事物为题，介绍与《大唐西域记》有关的一些历史文化知识，同时也加进了我自己的一些研究意见。这些文章能够写出来，我首先想到的，是季羡林先生。如果说，我与玄奘的《大唐西域记》有缘，这个缘分，追本溯源，来自季先生。四十多年前——1979 年的秋天，我到北京大学跟随季先生念研究生。季先生研究印度古代语言、文学和历史，也研究中印文化交流史，这些研究，都离不开一本书，那就是《大唐西域记》。我到北京大学的时候，季先生正带领一个学者的团队，研究《大唐西域记》，为《大唐西域记》做校注。

1982 年 6 月，我研究生毕业，成为当时中国社会科学院与北京大学合办的南亚研究所的研究人员，季先生为我安排的第一项工作任务，是让我参加这项工作，因为我此前完成的硕士论文，虽然不是直接研究《大唐西域记》，却与《大唐西域记》有密切的关系。当时季先生要我做的事，是协助他整理和修改已经大致完成的初稿。这项工作最后的结果，就是 1985 年中华书局出版，后来多次重印的《大唐西域记校注》。

现在想来，当年我能跟季先生学习，是我一生的幸运。没有季先生，我怎么会有今天？又怎么会有三十多年来与《大唐西域记》密切的交道呢？也就是从跟季先生学习开始，一直到现在，《大唐西域记》成了我的案头之书。如果用一句老话解释，这就是人生的一种缘分吧。季先生去世，到今年已经过去了十二年。此时想到季先生，心中依然是无限的感念和感激。

玄奘在中国是一位家喻户晓的人物。人们都知道玄奘西天取经的神话故事，但知道历史上其实有一位真实的玄奘的人却有限，知道玄奘回国后还写过一部伟大的著作《大唐西域记》的人更有限。真实的玄奘，是中国历史上一位了不起的高僧，他当年奇特的经历，让他写成了这部奇特的书。从最早读《大唐西域记》，几十年过去，自己的年岁愈增长，就愈佩服和崇敬玄奘，对《大唐西域记》，也有了更多的体认和理解。

书中的文章，大多曾刊载于2013年至2016年间中华书局出版的《文史知识》。写这些文章，部分起因于《文史知识》的刘淑丽女士的建议。我谢谢她当时的建议。这些文章，加上一篇未发表的，后来集合在一起，在2019年曾经以《丝路朝圣》作为书名，由中华书局出版。但由于工作中的失误，书中的图片没有依约彩印，同时还出现其他的一些错误。现在书稿交给中国大百科全书出版社重新出版，趁此机会，我对书的结构重新做了编排，所有的文章，也都做了多少不等的修改。中华版原来的书名不是很切题，这次出版，改用了新的书名。

书中的图片，多数是我自己拍摄的，少数是采集的。上海的丁和先生也提供了部分图片。2006年10月到11月间，我们曾经一起从中国出发，沿玄奘当年西行的路线，穿越今天的吉尔吉斯、乌兹别克、阿富汗、巴基斯坦，一直到达印度的那烂陀，也就是玄奘当年留学的地方。二十多天的旅行，使我们成为很好的朋友。我对他表示感谢。

2016 年 8 月到 9 月间，我参加过“丝绸之路昆仑·河源道综合科考”。考察中我们到达了塔什库尔干的公主堡。考察活动的领队是中国社会科学院考古所的巫新华先生。书中公主堡的航拍照片，是他提供的。为此我也要感谢巫新华先生。

书稿的撰写，也是我数年前在北京大学东方文学研究中心的一个有关《大唐西域记》的研究项目工作的一部分。

最后，我还要感谢北京师范大学的董晓萍教授和中国大百科全书出版社的郭银星女士，是她们二位促成了这部书在中国大百科全书出版社出版。其中郭银星女士尤其出力甚多，这一点也需要说明一下。

王邦维

2021 年 6 月 7 日于龙背村南